Anselm Grün / Maria-M. Robben

Finde deine Lebensspur

HERDER spektrum

Band 5406

Das Buch

„*Darum geht es: Die Chancen entdecken, die in der eigenen Lebensgeschichte liegen. Die ureigene Lebensspur entdecken, die wir in diese Welt eingraben möchten*“ (Anselm Grün und Maria-M. Robben). Ob wir unsere eigene Lebensspur finden oder ob wir uns von unserer Lebensgeschichte bestimmen lassen, hängt auch von uns selbst ab. Nur wenn wir – als Sohn oder als Tochter – fähig sind, uns auszusöhnen mit unserer eigenen Geschichte, mit der Beziehung zu unseren Eltern, sind wir fähig, unsere tiefsten Möglichkeiten zu entdecken. Bewusst wahrnehmen, was war, darum geht es. Und wenn es Verletzungen gab: In allen Verletzungen liegt eine Chance. Wenn wir unseren unversehrten und heiligen Kern entdecken, finden wir durch Verwundungen hindurch Zugang zu unseren positiven Ressourcen. Wenn wir mit diesen Quellen in Berührung kommen, dann wird in uns eine neue Energie fließen und wir werden spüren, dass unser Leben einmalig ist und sich lohnt. Ein Buch voller befreiender Impulse, das inzwischen schon zu einem Klassiker geworden ist.

Die Autoren

Anselm Grün OSB, geb. 1945, geistlicher Berater und Kursleiter für Meditation, tiefenpsychologische Auslegung von Träumen, Fasten und Kontemplation. Bei Herder u. a. Das kleine Buch vom wahren Glück; Das kleine Buch der Engel; Jeder Tag ein Weg zum Glück; Quellen innerer Kraft; Verwandle deine Angst; 50 Rituale für das Leben; Vertrauen – Spüre deine Lebenskraft; Das große Buch der Lebenskunst; Perlen der Weisheit.

Maria-M. Robben, geb. 1958, Dipl.-Sozialpädagogin, tätig in der geistlichen Begleitung, Leitung von verschiedenen Meditationstagen (mit Anselm Grün): Grenzen setzen – Grenzen achten. Damit Beziehungen gelingen – Spirituelle Impulse.

Anselm Grün / Maria-M. Robben

Finde deine Lebensspur

Die Wunden der Kindheit heilen –
Spirituelle Impulse

HERDER

FREIBURG · BASEL · WIEN

Originalausgabe

10. Auflage 2011

www.herder.de

Umschlagkonzeption und -gestaltung:
R·M·E Roland Eschlbeck / Liana Tuchel / Natascha Steuer
Umschlagmotiv: © Photonica
Foto Anselm Grün: © Micha Pawlitzki
Foto Ramona Robben: © privat

Satz: G. Scheydecker, Freiburg i. Br.
Herstellung: fgb · freiburger graphische betriebe
www.fgb.de

Gedruckt auf umweltfreundlichem, chlorfrei gebleichtem Papier
Printed in Germany

ISBN 978-3-451-05406-8

Inhalt

Einleitung

Wir, die Autoren dieses Buches, arbeiten in der geistlichen Begleitung. In den vergangenen Monaten sind wir in vielen Gesprächen mit Menschen, die wir auf diese Weise begleiten, auffallend häufig dem Thema der Elternbeziehung begegnet. In der Supervision dieser Einzelgespräche ging uns immer mehr auf, wie viele Menschen von Vater- und Mutterwunden stark geprägt sind und auch noch im Erwachsenenalter darunter leiden. Unter diesem Eindruck haben wir uns darangemacht, die Erfahrungen, die wir in den Gesprächen machten, miteinander zu besprechen, die Reflexion durch die Lektüre von Büchern über dieses Thema zu vertiefen und auch unsere eigenen Elternbeziehungen bewusster anzuschauen. Aus dieser gemeinsamen Auseinandersetzung ist dieses Buch entstanden. Da es um die Wunden der Söhne und Töchter geht, war es uns wichtig, dass ein Mann und eine Frau gemeinsam dieses Buch schreiben und ihre jeweiligen Erfahrungen und Einsichten einbringen. Es ist immer schwierig und nicht selten unbefriedigend, wenn ein Mann über Frauen schreibt und umgekehrt. Klar ist: Auch wenn wir über die Vater- und Mutterwunden anderer schreiben, tun wir das immer schon auf dem Hintergrund von Erfahrungen, die uns selber begegnet sind, und wir tun es aufgrund der eigenen Wunden, die wir mitbekommen haben, sowie mit den Erfahrungen von Verwandlung und Heilung, die wir selber machen durften.

Von Friedrich Nietzsche stammt der Satz, der einen Ausgangspunkt unseres Buches beleuchtet: „Welches Kind hätte nicht Grund, über seine Eltern zu weinen.“ Wir alle – auch diejenigen, die inzwischen selbst Kinder haben – sind Töchter oder Söhne. Wir alle tragen unsere Familiengeschichte mit uns herum und sind Teil der Geschichte von anderen Menschen. Die Geschichte, die uns mit den eigenen Eltern von Anfang an verbindet, ist immer auch eine Geschichte, die zwei Seiten hat, positive und schmerzliche. Von den schmerzlichen Seiten der Eltern-Kind-Beziehung, den Verletzungen durch Vater- und Mutterwunden und von heilsamen Möglichkeiten, damit umzugehen, handeln die folgenden Seiten vor allem. Unsere Überzeugung ist: Es handelt sich dabei um ein ganz zentrales Lebensthema. Ob wir unsere eigene Lebensspur finden oder ob wir uns von unserer Lebensgeschichte bestimmen lassen, hängt davon ab, wie unsere Elternwunden heilen. Nur wer sich aussöhnt mit seinem Gewordensein, ist fähig zu entdecken, welche Möglichkeiten in ihm stecken. Er wird seine Eltern nicht mehr dafür verantwortlich machen, wenn sein Leben nicht so läuft, wie er sich das vorgestellt hat. In allen Verletzungen, die wir erfahren, können wir eine Chance sehen, das innerste Wesen der eigenen Person zu finden. Das tiefste Geheimnis unseres wahren Selbst kann uns aufgehen, wenn wir bewusst wahrnehmen, wie unsere Beziehung zu den Eltern war, was daran heilsam und was daran schmerzhaft und krank machend war. Wer den Mut hat, die eigenen Verletzungen anzuschauen, der findet durch sie hindurch auch zu den positiven Wurzeln, die er von seinen Eltern mitbekommen hat. Denn die Eltern haben nicht nur verletzt, sie haben auch viel gegeben. Wir haben teil an ihrer Geschichte, an ihrer Begabung, an ihren Fähigkeiten. Wer den Eltern sein Leben lang wegen seiner Vater- und Mutterwunden einen Vorwurf macht, der schneidet sich von den positiven Wurzeln seiner Eltern ab. Dessen Leben hängt dann in der Luft.

Durch die Wunden hindurch haben wir Zugang zu unserem eigentlichen Kern. Bei allen Verletzungen ist dieser Kern nämlich in uns, unversehrt und heil. Wenn wir ihn entdecken, dann hören wir auf, unsere Eltern anzuklagen. Wir bleiben nicht bei den Verwundungen stehen, sondern sehen durch sie hindurch auf unser wahres Wesen, auf unser ursprüngliches Selbst. An diesen unseren unverfälschten Kern gelangen wir etwa, wenn wir unsere Lebensträume anschauen, die wir als Kinder hatten, wenn wir unsere kindlichen Berufswünsche analysieren. Wir können fragen: Welche Lebensspur steckt in meinem kindlichen Wunsch, Maurer oder Bäcker zu werden? Im Wunsch, Maurer zu werden, war eine Ahnung, etwas zu gestalten, das für andere wie ein Zuhause ist. Im Bild des Bäckers drückt sich die Idee aus, das Leben anderer zu versüßen. Ein anderer Weg, die eigene Lebensspur zu entdecken, wäre, sich an die Spiele zu erinnern, die wir als Kinder immer wieder gespielt haben. Da spielte eine Frau als Mädchen immer mit Puppen, zog sie schön an und sorgte für sie. In diesem kindlichen Spiel drückte sich ihre Lebensspur aus, für andere zu sorgen, andere zu hegen und zu pflegen. Wir können auch zu unserer Lebensspur finden, wenn wir das Lieblingsmärchen genauer anschauen, das wir als Kind so gerne hörten, oder an die Geschichten denken, die wir begeistert gelesen haben. So war ein Mädchen immer fasziniert von den Ausgegrenzten. Ihre Lebensspur, der Weg, der zu ihrem ureigensten Wesen führte, bestand darin, Ausgegrenzte anzunehmen.

Das Ziel dieses Buches ist, dass wir durch das Anschauen von seelischen Verwundungen, die wir in unserer Kindheit erlitten haben, unser wahres Selbst erkennen und unsere ureigenste Lebensspur finden. Verdrängen hilft nicht: Wer seine Wunden nicht beachtet, der wird von ihnen bestimmt. Sie verfälschen seine Lebensspur. Er meint vielleicht, dass er sein eigenes Leben lebt. In Wirklichkeit wiederholt er nur die Verletzungen seiner Kindheit. Er wird von seinen Wunden bestimmt. Aber es geht nicht nur darum, die Wunden anzuschauen, sondern auch unsere positiven Ressourcen, die Quellen, aus denen unsere Seele seit der Kindheit trinken durfte, und die Träume, in denen sich die Gestalt unseres wahren Selbst zum Ausdruck brachte. Wenn wir in Berührung kommen mit unserem Wesen, so wie Gott es uns zugedacht hat, dann werden wir aufblühen, dann wird in uns neue Energie fließen und wir werden spüren, dass sich das Leben lohnt, dass wir Lust haben an diesem einmaligen Leben. Ein Kriterium, ob einer seine Lebensspur findet, ist immer, dass das Leben in ihm fließt und aus ihm herausströmt. Wenn z. B. meine Lebensspur in der Sorge für andere besteht, dann habe ich Lust daran, dann tut es mir auch gut. Wenn ich aber anderen nur helfe, um meine Mutterwunde nicht spüren zu müssen, vielleicht sogar um meinen eigenen Schmerz über nicht erhaltene Zuwendung zu betäuben, dann werde ich sehr schnell überfordert, ausgebrannt und erschöpft.

Es geht uns nicht darum, die Eltern anzuklagen, sondern uns mit ihnen auszusöhnen. Der Psychotherapeut Bert Hellinger, der viel über unheilsame und krank machende Verstrickungen im Familiensystem nachgedacht hat, kritisiert zu Recht, dass viele die Heilung ihrer Wunden davon erwarten, dass sie ihre Wut den Eltern gegenüber zulassen und ausagieren. Er plädiert dafür, die Eltern zu ehren und zu würdigen. Das heißt nicht, dass wir die Eltern in einem rosaroten Licht verklären und alles an ihnen gutheißen. Sie haben ganz offenkundig ihre Grenzen. Sie haben uns nicht immer das gegeben, was wir gebraucht hätten. Aber auch wenn das so ist: Wir sollten aufhören, ihnen das zum Vorwurf zu machen. Wir sollten ihnen danken für das, was sie uns wirklich an Positivem gegeben haben. Wir durften auch von ihnen nehmen. Sie bilden die Wurzeln, aus denen wir heute leben. Ohne diese Wurzeln verdorrt unser Lebensbaum. Damit wir das, was uns die Eltern gegeben haben, annehmen und für unser Leben fruchtbar werden lassen, ist es wichtig, sie in ihrer Begrenztheit und in ihrer eigenen Geschichte zu verstehen. Wenn wir sie verstehen, verurteilen wir sie nicht. Wir sehen die Eltern dann in ihren Verwicklungen in die eigene Familiengeschichte.

Wir können das, was sie uns nicht gegeben haben und womit sie uns verletzt haben, bei ihnen lassen, ohne es ihnen ein Leben lang vorzuwerfen. Wer immer nur die Eltern für sein Schicksal verantwortlich macht und die eigene Verantwortung für sein Leben verweigert, der wird nie zu seiner inneren und äußeren Gestalt finden, er wird nie die Wegspur entdecken, die ihn zum Leben führt.

Die Vater- und Mutterwunden anzuschauen und sich den damit verbundenen Emotionen zu stellen gilt für manche als „Kreisen um sich selbst". Sie meinen, wir sollten uns lieber der Gegenwart zuwenden und die Probleme lösen, die im Augenblick anstehen. Sicher gibt es heute viele, die dazu neigen, ständig um die eigenen Verletzungen zu kreisen. Ja, es gibt manchmal eine Sucht, immer neue Verletzungen aus seiner Vergangenheit zu entdecken. Ein solches Suchtverhalten führt sicher nicht zum Leben. Es ist auch ein Irrtum zu meinen, wir würden vorurteilslos an die Konflikte des Alltags herangehen. Wir alle erleben nicht nur die Konflikte, sondern ganz allgemein die Begegnungen mit Menschen immer schon mit unseren Vorerfahrungen. Wie wir etwa Autorität erleben, das hängt wesentlich von den Vaterwunden ab, die wir erlebt haben. Wir werden auch die Äußerungen und Blicke von Menschen, nach deren Zuwendung wir uns sehnen, immer durch die Brille von schmerzlichen Erfahrungen sehen, sie also auf dem Hintergrund unserer Mutterwunden erfahren. Wenn wir diese unsere Wunden nicht anschauen und uns damit nicht aussöhnen, werden wir sie unbewusst weitergeben. Ein Grundgesetz unseres Verhaltens – das weiß die Psychologie – besteht darin, dass wir die Verletzungen, die wir nicht in unser Leben integriert haben, wiederholen, entweder indem wir andere verletzen oder uns selbst verwunden oder uns Situationen aussuchen, die den verletzenden Szenen der Kindheit gleichen. Sigmund Freud spricht in diesem Zusammenhang vom Wiederholungszwang: Obwohl wir es besser machen wollen als unser

Vater, wiederholen wir die gleichen traumatischen Erfahrungen, die der Vater uns zugefügt hat. Ein Mann, der von seiner Mutter enttäuscht worden ist, wird es unbewusst so arrangieren, dass er auch seine Frau dazu nötigt, „ihn schließlich genauso zu enttäuschen, wie er sich von seiner Mutter frustriert gefühlt" hat (Richter 112). Viele suchen sich Situationen aus, in denen sie von ihrem Ehepartner oder Chef, von ihrem Freund oder ihrer Freundin genauso verletzt werden wie von ihren Eltern. Ein Blick in die Geschichte zeigt uns, wie in der Kindheit verletzte Menschen ihre Wunden ihr Leben lang an anderen ausagieren und welche Folgen das hat. Wir brauchen nur das Leben von Tyrannen oder Gewaltverbrechern anzuschauen. Es sind in aller Regel verletzte Kinder, die ihre Verletzungen oft auf brutale Weise weitergeben und doch nie davon loskommen. Oder aber es gibt die „Opferlämmer", die sich ständig selber weh tun und sich in ihrer Opferrolle wohl fühlen. Aber sie werden als Opfer oft auch zu Tätern. Denn als Opfer hindern sie die Menschen ihrer Umgebung daran, das Leben zu leben, das ihnen entspricht.

Spirituelle Impulse

In diesem Buch geht es uns nicht bloß um die psychologische Dimension der Vater- und Mutterwunden, sondern auch um die spirituelle Seite. Die psychologischen Erkenntnisse müssen ernst genommen werden. Aber wir möchten bei ihnen nicht stehen bleiben. Uns geht es bei der Reflexion der spirituellen Dimension zunächst um die Frage, inwieweit die Begegnung mit dem Wort Gottes in der Bibel unsere seelischen Wunden zu heilen vermag. Dabei werden wir die vier klassischen Beziehungsgeschichten anschauen und auslegen, die uns die Bibel beschreibt: die Vater-Tochter-Beziehung in Mk 5, die Mutter-Tochter-Beziehung in Mk 7, die Vater-Sohn-Beziehung in Mk 9 und die Mutter-Sohn-Beziehung in Lk 7. In diesen vier Beziehungsgeschichten tritt

Jesus jeweils als Therapeut auf, der sich sowohl des Vaters und der Mutter als auch der Tochter und des Sohnes annimmt. Andere zentrale Fragen, die uns im Folgenden interessieren: Inwieweit kann uns die Meditation dieser Heilungsgeschichten helfen, unsere eigenen Elternwunden zu verstehen und zu heilen? Wie können wir die heilende Kraft Jesu heute an uns erfahren? Was unterscheidet eine Psychotherapie von einer spirituellen Begleitung? Müssen wir mit unseren Wunden zum Therapeuten gehen oder ist auch der Weg zu Jesus möglich? Wie können wir durch die Begegnung mit Jesus unser wahres Selbst erkennen und unsere ureigenste Lebensspur finden? Hat Jesus etwas zu tun mit der Entdeckung unseres eigenen Wesens? Was meint C.G. Jung, wenn er Jesus den klarsten Archetyp des Selbst nennt?

Wir dürfen Jesus nicht als Zauberer missbrauchen, der uns nur schnell berühren muss, damit wir möglichst schmerzfrei unsere Wunden loswerden. Die Heilungsgeschichten der Bibel, in deren Zentrum Jesus als Therapeut steht, zeigen uns vielmehr Wege auf, wie unsere Wunden verwandelt werden und wie wir in der Begegnung mit ihm unsere eigentliche Gestalt finden können. Jesus handelt in diesen Geschichten als erfahrener Therapeut. Aber er handelt zugleich aus seiner inneren Verbundenheit mit Gott. Gott ist die eigentliche Quelle des Heiles und der Heilung. Die Art und Weise, wie Jesus in den biblischen Geschichten auf Vater und Mutter, Sohn und Tochter eingeht, zeigt uns, wie wir mit unseren eigenen Elternwunden umgehen können. Wenn wir die Heilungsgeschichten genau betrachten, entdecken wir Möglichkeiten für unsere Heilung und Schritte in ein authentisches Leben. Im Zentrum wird immer wieder die Einsicht stehen: Wir müssen die Heilung nicht aus eigener Kraft leisten. Sie geschieht vielmehr an uns, wenn wir im Licht der biblischen Beziehungsgeschichte unsere eigenen Beziehungen anschauen und bearbeiten und uns mit unseren Wunden diesem Jesus Christus hinhalten, damit sein heilender Geist uns berührt, uns aufrichtet und uns auf den Weg schickt, auf dem wir zu unserer eigentlichen Berufung finden, auf dem unser unverfälschtes und unverletztes Selbst zur Blüte kommt.

Die spirituelle Dimension unserer Wunden und ihrer Heilung berührt aber noch eine andere Seite. Die Erfahrung mit unseren Eltern prägt wesentlich unser Gottesbild. Es hat wenig Sinn, theoretisch über das Gottesbild nachzudenken. Wir müssen erst einmal anschauen, wie unser Gottesbild entstanden ist, warum wir unbewusst immer noch an dem Bild des strafenden, des willkürlichen, des kontrollierenden Gottes festhalten, warum in unserem Unbewussten immer noch der Buchhaltergott oder der Leistungsgott herrschen. Ob und inwieweit wir in Gott unsere wahre Mutter oder unseren wahren Vater erkennen und lieben können, das hängt mit von unseren eigenen Vater- und Muttererfahrungen ab. Auch unser spiritueller Weg hat seinen Grund in den Kindheitserfahrungen. Manche sehen auch in ihrem spirituellen Weg nur die Erfüllung von elterlichen oder göttlichen Erwartungen. Sie setzen sich dabei selbst unter Druck. Sie wollen in ihrem geistlichen Leben alles richtig machen. So führt sie ihre Spiritualität nicht zum Leben und zur Freiheit, zur Liebe und zur Weite, sondern in die Enge, in die Angst, in den Leistungsdruck.

Seelische Wunden schmerzen nicht nur, sie sind zugleich eine Chance für uns, geistlich zu wachsen. Wo ich versehrt bin, kann ich mich nicht mehr hinter einer scheinbar perfekten Fassade verstecken. Die Wunde zerbricht meine Maske, hinter der ich mich nicht nur vor den Menschen, sondern auch vor Gott so gerne verstecke. Dort, wo wir am tiefsten verletzt sind, sind wir auch aufgebrochen für Gott. Unsere Wunden verweisen uns auf Gott. Sie zeigen uns, dass wir uns selber nicht helfen können. Wir sind nicht nur angewiesen auf die Hilfe anderer Menschen, sondern letztlich auch auf Gottes Hilfe. Dabei geht es nicht darum, Gott dazu zu benutzen, uns möglichst schnell von unseren Leiden zu befreien, sondern dass wir uns durch die Verletzungen auf Gott hin öffnen lassen. Die Wunden können zum Einfallstor für seine Gnade werden. Wenn ich mich mit meiner Wunde ausgesöhnt habe und in ihr mich für Gottes heilende Liebe öffne, höre ich auf, meine Eltern anzuklagen, dass sie mir zu wenig Zärtlichkeit geschenkt haben. Ich bin einverstanden mit meinen Wunden. Ich kann Gott danken, dass ich nicht satt geworden bin. Das hält mich lebendig. Der innere Hunger lässt mich nach einer Liebe suchen, in der ich mich nicht wieder von Menschen abhängig mache. Mein Hunger und mein Durst können letztlich nur von Gottes grenzenloser Liebe gestillt werden.

Auswirkung frühkindlicher Verletzungen für den Erwachsenen

Die Schwierigkeiten, die jemand in seiner Familie, in seiner Gemeinschaft, bei der Arbeit und im Umgang mit Mitarbeitern und Freunden und Freundinnen hat, haben oft ihren Grund in den Kindheitserfahrungen. Wer etwa keinen Vater erlebt hat, der ihm Halt gab und das Rückgrat stärkte, der wird sich grundsätzlich mit Autorität schwer tun. Der wittert in jeder Autorität einen, der ihn unterdrücken und ihm das Leben schwer machen will. Er kann sich Konflikten nicht stellen, weil er kein Rückgrat hat. Er vergleicht sich ständig mit anderen und passt sich an. Und wenn er selbst Autorität ausüben soll, tut er es oft auf sehr autoritäre Weise. Die Frau, die bei der Mutter nicht die Geborgenheit gefunden hat, nach der sie sich in der Tiefe ihres Herzens gesehnt hat, wird ihr Leben lang Ausschau halten nach Ersatzmüttern. Sie wird sich an die, die sie liebt, krampfhaft anklammern, um ja ihre Zuwendung nicht zu verlieren. Sie wird sich für die Mutter Kirche oder für die Institution der Schule oder der Universität oder der Firma verausgaben, um endlich die Liebe zu erfahren, die sie als Kind vermisst hat. Aber damit überfordert sie sich und andere heillos und gerät in einen Teufelskreis der Einsamkeit. Die Zuwendung, die sie erhofft, wird sie nie bekommen. Weil ihre Sehnsucht maßlos ist, wird sie immer wieder enttäuscht.

Das Anschauen der Vater- und Mutterwunden darf auf keinen Fall zur Entschuldigung werden, etwa in diesem Sinn: „Da ich diese Erfahrungen gemacht habe, kann ich nicht anders, deshalb habe ich kein Selbstvertrauen, deshalb kann mein Leben nicht gelingen." Das wäre eine Ausrede. Wir müssen irgendwann einmal selber die Verantwortung für unser Leben übernehmen. Das heißt auch, dass wir uns aussöhnen müssen mit den Verletzungen, die wir als Kinder erfuhren. Dann können sie zu einer Quelle des Lebens werden. Dann werden unsere Wunden zu Perlen, wie Hildegard von Bingen sagt. Wenn wir unsere Verletzungen anschauen, können wir uns besser verstehen. Wir werden uns selber nicht verurteilen, dass wir so empfindlich reagieren. Es ist verständlich, dass wir mit diesen Wunden so empfindlich sind, so leicht kränkbar, so ängstlich gegenüber der Autorität. Erst das Verstehen befreit uns von der Selbstverurteilung.

Aber es darf nicht nur beim Verstehen bleiben. Es kommt darauf an, in meinen Wunden meine Begabung zu entdecken, eben die Perle, die mein Leben wertvoll macht. In der Wunde liegt immer auch meine Chance. Wenn ich z. B. zu wenig Zärtlichkeit empfangen habe, bin ich sensibel für alle Menschen, die an einem Defizit an Liebe leiden. Und weil ich nicht satt geworden bin in meinem Bedürfnis nach Liebe und Nähe, habe ich mich auf den spirituellen Weg gemacht. Ich gebe mich nicht damit zufrieden, mich gut einzurichten. Ich bleibe lebendig in meiner Sehnsucht nach Gott. Meine Lebensspur entdecke ich gerade in meinen Wunden. Meine Wunden werden so zu meiner Chance, mein eigenes Charisma zu erkennen und es zu leben. Auf diese Weise wird das Negative verwandelt – zur Quelle des Segens für mich und für andere.

Verstrickungen in der Eltern-Kind-Beziehung

Dass die Beziehung der Kinder zu ihren Eltern sehr komplex ist, ist keine überraschende Einsicht: Auch wenn Eltern es noch so gut mit dem Kind meinen – sie übertragen doch ihre eigenen Kindheitserfahrungen auf ihre Söhne und Töchter. Wenn etwa eine Mutter als Kind darunter litt, dass ihre Schwester schöner war als sie und vom Vater bevorzugt wurde, und dies nicht verarbeitet hat, dann ist es kein Wunder, wenn sie ihre Tochter eifersüchtig kontrolliert und sie klein macht. Sie kann es dann nicht ertragen, dass ihre Tochter die Zuwendung bekommt, nach der sie selber sich so gesehnt hat. Sie sieht in ihr nicht ihre Tochter, sondern ihre Schwester, mit der sie ihr Leben lang rivalisiert hat. So wird die Tochter zu ihrer Rivalin. Oder sie wird in der Tochter einen Aspekt ihres eigenen Selbst sehen. Sie möchte durch die Schönheit der Tochter ihre eigenen Misserfolge auf diesem Gebiet ausgleichen. Die Tochter wird zur Stellvertreterin, die das leben soll, was der Mutter nie möglich war. Es gibt vielfältige Verflechtungen zwischen Eltern und Kindern. Da kann die Mutter oder der Vater im Kind einen Ersatz für die eigene Mutter oder den eigenen Vater sehen. Da kann es sein, dass eine Mutter etwa an der Tochter die Schuld wieder gutmachen möchte, die sie ihrer eigenen Mutter gegenüber empfindet. Oder aber sie braucht die Tochter, um Liebe zu finden. Die Tochter soll ihr all die Liebe schenken, die sie bei ihren Eltern vermisst hat. Sie liebt ihre Tochter unbewusst in der Absicht, von ihr maßlos geliebt zu werden. Sie benutzt die Tochter für ihre eigenen maßlosen Bedürfnisse. Sie gibt der Tochter nicht, was sie braucht, sondern nimmt von ihr und überfordert sie dadurch. Die Beispiele sind zahlreich:

Wenn der Vater die Tochter oder die Mutter den Sohn als Ersatz für den Ehepartner nimmt, dann entsteht eine starke emotionale und erotische Bindung, die den Sohn oder die Tochter nicht so leben lässt, wie es für sie angemessen wäre. Sie werden von den

Eltern benutzt für die eigenen unerfüllten Bedürfnisse. Manchmal sehen die Eltern in den Kindern einen Aspekt ihres eigenen Selbst. Sie projizieren in die Kinder entweder ihr ideales Selbst, das sie selber nie erreicht haben. Dann muss das Kind stellvertretend leben, was die Eltern nie durften oder konnten. Oder die Eltern projizieren einen negativen Aspekt ihres Selbst in das Kind hinein. Dann wird das Kind zum Sündenbock, auf den sie alles abladen, was sie an unbewussten Lasten mitschleppen. Sie projizieren in das Kind hinein, was sie an sich selber nicht leiden mögen. Sie können ihren eigenen Konflikt nicht selbst lösen, sondern tragen ihn im Sohn oder in der Tochter stellvertretend aus. Das entlastet sie davon, sich der eigenen Wahrheit zu stellen. Doch das Kind, das zum Sündenbock für die unbewältigten Probleme und die verdrängten Triebkonflikte der Eltern wird, landet nicht selten in der Verwahrlosung oder in neurotischen Verhaltensweisen. Eine andere Weise der Verletzung geschieht, wenn das Kind von den Eltern als Bundesgenosse, als Freund oder Freundin oder als Vertrauter oder Vertraute benutzt wird. Die Mutter nimmt das Kind als Waffe gegen den Vater und umgekehrt. Das Kind wird dann hin- und hergerissen. Es kann keine klare Identität aufbauen. Und es wird das Spiel des Benutzens auch als Erwachsener weiterführen (vgl. dazu Richter 89–252).

1. Mutterwunden

Die Mutter schenkt dem Kind Geborgenheit und Urvertrauen. Sie ist die erste Bezugsperson für das kleine Kind und vermittelt schon dem Neugeborenen, dass es darauf vertrauen darf, dass die Welt gut ist und dass es sich auf das Gutsein der Welt und die Güte der Menschen verlassen darf. Die Mutter lässt ihr Kind erfahren, dass es so sein darf, wie es ist, dass es Bedürfnisse haben darf und dass diese Bedürfnisse gestillt werden. Sie zeigt ihm Nähe und Liebe, gibt ihm das Gefühl, dass es willkommen, bedingungslos angenommen und geliebt ist. Eine solche Grunderfahrung braucht das Kind als festes Fundament, auf dem es sich entfalten kann. Aber wohl keine Mutter kann diese Aufgabe immer und überall vollkommen erfüllen. Es wäre für das Kind auch gar nicht gut, wenn es die perfekte Mutter gäbe. Es kann nämlich nicht nur von der grenzenlosen Liebe der Mutter lernen, sondern auch von ihrer Begrenztheit. Wenn wir im Folgenden einige von Müttern zugefügte Verletzungen erwähnen, so möchten wir damit Müttern kein schlechtes Gewissen machen. Denn wir werden alle verletzt, ob wir wollen oder nicht. Entscheidend ist, wie wir mit unseren Verletzungen umgehen. Wenn wir uns den Mutterwunden stellen, können sie uns sensibel machen – für uns selbst und für andere. Und vor allem schützt uns eine solche Bewusstmachung und Selbstkonfrontation davor, dass wir die eigenen Verletzungen unbewusst weitergeben oder dass wir uns selbst verletzen oder dass wir uns immer wieder Situationen aussuchen, die die Verletzungen der Kindheit wiederholen.

Manchmal entsteht die Mutterwunde schon vor der Geburt. Vielleicht geht es der Mutter mit der Schwangerschaft nicht gut. Sie wehrt sich innerlich dagegen. Sie raucht, weil sie sich nicht damit abfinden kann, dass sie gerade jetzt Mutter wird. Oder aber die Beziehung zum Mann ist unklar. Die seelischen Konflikte zur Zeit der Schwangerschaft färben auf das Kind im Mutterleib ab. Im Mutterschoß ist das heranwachsende Kind den Stimmungen und Launen, den körperlichen und seelischen Verfassungen der Mutter ausgeliefert. Und manchmal bekommt es die innere Ambivalenz der Mutter mit, die sich auf der einen Seite auf das Kind freut und zugleich vor der Geburt Angst hat. Wenn manche Mütter von solchen Problemen lesen, bekommen sie sofort ein schlechtes Gewissen und fragen sich, wie das wohl bei ihren eigenen Schwangerschaften war. Ihnen allen sei gesagt: Glücklicherweise hat das Kind bei allen traumatisierenden Erfahrungen in sich immer auch ein Potential von gesunder Energie, die alle Wunden zu wandeln vermag.

Eine tiefe Mutterwunde entsteht, wenn die Mutter ihre Aufgabe, dem Kind Geborgenheit zu schenken, nicht erfüllen kann, weil sie mit sich selbst beschäftigt oder mit dieser Aufgabe überfordert ist. Da wird ein Mädchen gerade zu der Zeit geboren, als die Partnerschaft der Eltern in einer belastenden Krise steckt. Das kleine Kind spürt unbewusst, dass die Mutter nicht fähig ist, eine Beziehung zu ihm aufzubauen, weil sie zu sehr mit sich selbst beschäftigt ist. Das Kind reagiert auf die Beziehungsunfähigkeit der Mutter, indem es die Beziehung verweigert. Es nimmt keine Nahrung zu sich. Es wehrt sich möglicherweise gegen alle Kontaktversuche der Mutter. Unbewusst bestraft es die Mutter, weil es von ihr nicht bekommt, was es braucht. So entsteht ein kompliziertes Beziehungsgeflecht, an dem beide leiden. Wenn dieses Kind zur Frau reift, muss es sich dieser Wunde stellen. Und es ist immer ein schmerzlicher Weg, zuerst einmal mit sich selbst in Beziehung zu kommen, um dann eine Beziehung zu der hilflosen Mutter aufzubauen.

Eine Frau erzählt, dass die Mutter sie als Kind eigentlich gar nicht gewollt hat. Ihre Mutter wollte aber unbedingt schwanger werden, weil schwangere Frauen am Ende des Krieges von der Arbeit in den Munitionsfabriken befreit waren. Dieses Kind spürte unbewusst, dass es von der Mutter nur benutzt, aber nicht wirklich geliebt wurde. Andere Mütter hoffen, wenn sie ein Kind bekommen, dann würde die Beziehung zu ihrem Partner wieder gut werden. Oder sie werden schwanger, um ihren Freund dadurch an sich zu binden. Ältere Frauen erzählen, dass sie das sechste oder siebte Kind gar nicht mehr wollten, weil sie am Ende ihrer Kraft waren. Manchmal haben sie das Kind dann bewusst vernachlässigt. Es war für sie der einzige Weg, um sich am Mann für das Diktat seiner Wünsche zu rächen. In all diesen Fällen wird das Kind für andere Zwecke benutzt. Die Konsequenz: Es wird sein ganzes Leben lang von dem Gefühl gegeißelt, nicht wirklich selbst geliebt zu werden, sondern von den Menschen für ihre Zwecke benutzt zu werden. Das führt dann dazu, dass es sich vor anderen schützt, indem es auch emotional niemanden an sich heranlässt. Ein benutztes Kind sehnt sich nach einem Menschen, der es endlich einmal bedingungslos liebt. Aber oft genug erfährt es dann nur die Wiederholung der kindlichen Situation. Selbst der Mensch, von dem es bedingungslose Liebe erfahren hat, nutzt es irgendwann aus.

Oft ist die Mutter mit dem Kind überfordert, weil es zu unruhig ist oder nachts nicht schlafen kann. Vielleicht hat die Mutter gerade im Beruf oder im Haushalt großen Stress. Sie kann die Unruhe des Kindes nicht ertragen, wird aggressiv und schlägt das Kind, obwohl sie das eigentlich nie gewollt hat. Sie kann nicht anders. Sie leidet darunter, dass sie dem Kind nicht gerecht wird.

So versucht sie, das Kind mit übergroßer Liebe wieder für ihren Wutanfall zu entschädigen. Aber dadurch verwirrt sie das Kind, es kennt sich nicht mehr aus. Viele Mütter waren in der Nachkriegszeit überfordert. Sie waren in Sorge um ihren Mann, der an der Front war, während sie selbst daheim in der Angst vor den Fliegerangriffen leben und mit den Kindern immer wieder in den Bunker gehen mussten. In einer solch sorgenvollen Situation sind die Bedürfnisse vieler Kinder nicht erfüllt worden. Eine Frau, die unter solchen Umständen als Kind aufwuchs, hatte immer das Gefühl: „Alles, was ich mache, ist verkehrt. Ich kann es der Mutter nicht recht machen." Wenn sich solch eine Erfahrung als inneres Muster in uns ausbildet, belastet es uns ein Leben lang.

Eine andere Mutterwunde entsteht, wenn die Mutter die Tochter als Vertraute benutzt: Eine Frau kommt mit ihrem Mann nicht zurecht – und erzählt der Tochter ihre Partnerschaftsprobleme. Oft malt sie dann ein negatives Bild des Vaters. Das verwirrt die Tochter, die den Vater ganz anders erlebt, ja, die ihn liebt. Jetzt weiß sie plötzlich nicht mehr, wem sie glauben soll, der Mutter oder ihrem eigenen Gefühl. Es entsteht Gefühlsverwirrung.

Manchmal verallgemeinert die Mutter dann und vermittelt der Tochter ein destruktives Männerbild: Männer sind Machos, sie wollen nur die Sexualität, sie sind untreu, egoistisch, gefühlskalt, unbeherrscht usw. Die Konsequenz: Ein solch negatives Männerbild blockiert die Tochter später in ihren Beziehungen zu Männern.

Mit dem negativen Männerbild ist häufig auch ein destruktives Frauenbild verbunden. Die Mutter kann sich selbst als Frau nicht annehmen. Sie hat nie gelernt, ihre Sexualität zu lieben. So verletzt sie die Tochter, indem sie ihr ein negatives Bild der Frau zeichnet. Eine Frau hat etwa als Botschaft ihrer Mutter den Satz mitbekommen: „Als Frau bist du der letzte Dreck, der Fußabstreifer der Männer." Diese Mutter hatte nach dem Krieg erfahren, wie Frauen zum Freiwild für die Besatzungssoldaten geworden waren. Und als der Vermieter, der die beiden Frauen großzügig aufgenommen hatte, die Tochter sexuell missbrauchte, konnte die Mutter ihre Tochter davor nicht schützen. Sie vermittelte ihr in der Folge, dass das eben das Schicksal der Frauen sei. Ihre eigene Not hat sie auf die Tochter projiziert. Kein Wunder, dass in der Folge die Tochter sich nie an ihrem Frausein freuen konnte und eine lange Therapie benötigte, um ihren Wert als Frau zu entdecken.

Andere Mütter vermitteln ihren Töchtern das Gefühl: „Komm mir nicht zu nahe!" Sie wollen auf der einen Seite zwar liebevolle Mütter sein. Auf der anderen Seite haben sie aber Angst vor zu viel Nähe. Sie können die Nähe nicht zeigen, weil sie vielleicht selbst in sich gehemmt und unfähig sind, ihre Gefühle zum Ausdruck zu bringen, oder weil sie von der eigenen Mutter keine Nähe erfahren haben. Die Tochter wird erst sehr viel später merken, dass sie die gleiche Botschaft Männern und Frauen gegenüber weitergeben wird. Sie sehnt sich nach Nähe. Aber sie ist unfähig, Nähe zu geben oder zuzulassen, weil die unbewusste Botschaft an alle, die ihr nahe kommen, lautet: „Komm mir nicht zu nahe!"

Eine Ordensschwester erzählt, dass sie als Kind immer arbeiten musste und nie spielen durfte. Die Mutter sah ihren eigenen Wert anscheinend nur in der Leistung. So hat sie der Tochter vermittelt, dass es Sinnvolleres gibt als zu spielen und die Zeit zu vergeuden. „Erst die Arbeit, dann das Spiel", war das Motto. Die Tochter durfte nicht einmal ein paar Augenblicke für sich genießen. Immer fand die Mutter eine Arbeit, die sie der Tochter auftrug. Das hat sich in der Schwester so tief eingeprägt, dass sie bis heute jeweils genau eine Minute zu spät zum Chorgebet kommt, damit keine Mitschwester von ihr denken möge, dass sie zu wenig Arbeit hat.

Andere Töchter werden von der Mutter sehr schnell selbst in die Mutterrolle gesteckt. Sie sind verantwortlich für die jüngeren

Geschwister und können daher ihre Kindheit oder Jugend nicht ausleben. Als Erwachsene fühlen sie sich dann betrogen um ihre eigene Kindheit.

Die Mutterwunden der Söhne

Söhne machen andere Erfahrungen als Töchter. Oft haben Mütter unbewusst eine engere Beziehung zu ihnen. Wenn das dazu führt, dass sie die Söhne verwöhnen oder bevorzugen, dann haben diese es schwer, erwachsen zu werden. Es kommt manchmal auch vor, dass, wenn der Vater die Familie verlässt oder wenn die Beziehung zwischen den Eltern schlecht ist, Söhne als Partnerersatz genommen werden. Dann werden sie zu Prinzen, die alles dürfen und sich an keine Grenzen zu halten brauchen. Wenn der Sohn als Partnerersatz benutzt wird, wird er unbewusst an die Mutter gebunden und hat dann keine Möglichkeit, seine Männlichkeit zu leben. Die Mutter schläft mit dem 13-jährigen Sohn noch zusammen im Ehebett und merkt gar nicht, wie sie in ihm die Sexualität weckt. Aber zugleich wacht sie darüber, dass der Sohn seine sexuellen Phantasien und Interessen unterdrückt. Sie wird eifersüchtig, wenn sich der Sohn in ein Mädchen verliebt. Die Mutter projiziert ihre Angst vor der Sexualität in den Jungen hinein. Auf der einen Seite verherrlicht sie ihn als Mann, auf der anderen Seite zwingt sie ihm ein Männerbild auf, das die Sexualität verdrängt und letztlich nur den „puer aeternus – den ewig jung bleibenden Knaben –" zulässt. Das führt dann oft dazu, dass Männer jede Verantwortung vermeiden, dass sie letztlich die Mutter aussaugen und nie ihr Leben selbst in die Hand nehmen. Es gibt viele Männer, die mit 40 Jahren noch bei ihrer Mutter leben. Sie sind meistens arbeitslos, weil sie sich auf keine Arbeit einlassen können. Sie liegen der Mutter auf der Tasche, haben oft Alkoholprobleme und nützen die Mutter schamlos aus. Aber weil diese innerlich an den Sohn gebunden ist, hat sie keinen Mut, ihn aus dem warmen Nest zu werfen, damit er endlich erwachsen wird.

Neben der Verherrlichung des Mannes geschieht auch oft das Gegenteil: Weil die Mutter Angst hat vor der Konfrontation mit dem Mann, macht sie den Jungen in seiner Männlichkeit lächerlich. Das kann zu einer tiefen Verunsicherung in seiner Rolle als Mann führen. Oft sind solche Beziehungen zwischen Mutter und Sohn widersprüchlich und uneindeutig. Der Sohn sehnt sich nach der Mutter und die Mutter nach dem Sohn. Zugleich verbietet sich die Mutter eine engere Beziehung zum Sohn und entwertet ihn in seiner männlichen Identität. Solche Söhne bleiben oft hin- und hergerissen zwischen ihrer Sehnsucht nach einer Frau und der Angst vor ihr. Sie malen sich in ihrer Phantasie aus, wie schön es wäre, eine verständnisvolle Frau zu haben. Doch sobald sich eine Frau für sie interessiert, ziehen sie sich zurück, aus Angst, sie könnten von ihr in ihrer Männlichkeit lächerlich gemacht werden.

Die größte Wunde in der Beziehung zwischen Mutter und Kind ist die Erfahrung des Verlassenwerdens. Das kann Töchtern und Söhnen in gleicher Weise geschehen. Ein Mann erzählt, dass die allein erziehende Mutter ständig damit drohte, sie werde sich umbringen, wenn er nicht artig sei. Dem Sohn blieb nichts anderes übrig als sich anzupassen. Ständig musste er mit der Angst leben, dass sich die Mutter das Leben nehmen würde und er dann allein und verlassen dastehen würde. Auch wenn er seine Aggression verdrängen musste, manchmal kam sie dann doch zum Vorschein. Er durfte nicht Kind sein, sondern musste sich um die Mutter sorgen.

Etwas Ähnliches erleben viele Kinder, deren Mütter schon früh krank sind, entweder körperlich krank, depressiv oder neurotisch. Ein Mann hatte etwa eine psychotische Mutter. Er musste sich schon als Kind immer schämen, wenn er mit seiner Mutter in der

Stadt auftauchte, da sie ständig laut vor sich hin redete. Letztlich fehlte ihm die Mutter. Verständlich, dass er zeit seines Lebens auf der Suche nach einem Muttterersatz war. Und auch die Scham hat ihn lange begleitet. Er schämte sich für sich und sein Verhalten und geriet auch immer wieder an Menschen, für die er sich schämen musste.

Eine gar nicht so seltene Situation: Der Vater schlägt den Sohn, die Mutter steht hilflos daneben. Manche Mütter versuchen zwar, für die Kinder einzutreten. Aber dann spüren sie in einer solchen Situation oft, dass sie keine Chance haben. Sie haben Angst, selbst geschlagen zu werden, wenn der Vater von einem Wutanfall heimgesucht wird. Die Kinder erfahren das dann als Verrat der Mutter. Die Mutter zieht sich zurück. Sie sagt nichts. Sie verdrängt das eigene Gefühl. Für das Kind ist dies eine tief greifende und verletzende Erfahrung, eine bleibende Mutterwunde.

Ein anderer Mann erzählt, dass er als Kind von seinem Vater immer wieder in den dunklen Keller gesperrt wurde. Die Mutter sah zu, aber sie unternahm nichts dagegen. Sie war nicht einmal seine Fürsprecherin. Die Empfindung von Verrat und Verlassenwerden hat sich diesem Jungen tief eingeprägt.

Manche Mütter, die mit dem aufsässigen Verhalten der Kinder überfordert sind, drohen den Kindern, dass sie es dem Vater sagen werden, wenn sie ihren Anordnungen nicht folgen. Eine Mutter, die so handelt, bietet keine Geborgenheit, sie verrät die Kinder an den strengen Vater. Auch das ist eine Erfahrung von Verlassenheit.

Theodor Bovet, ein Schweizer Therapeut, hat gesagt, Sucht sei immer Muttterersatz. Das bedeutet natürlich nicht, dass die Mütter an der Sucht schuld sind. Es kann ja auch vorkommen, dass der Sohn oder die Tochter den Absprung aus der mütterlichen Geborgenheit nicht schaffen. Oder es kann sein, dass sie diese mütterliche Geborgenheit wegen äußerer Umstände einfach nicht erfahren haben, obwohl die Mutter sie nach bestem Wissen und Gewissen geben wollte. Sucht kann entstehen durch die Erfahrung mangelnder Geborgenheit. Es bleibt immer ein Loch in der Seele, das nicht ausgefüllt wird. Oder aber sie kann durch Verwöhnung entstehen.

Verwöhnung ist oft genug Ersatz für eine normale liebevolle Beziehung zum Kind. Wenn eine Mutter die Tochter oder den Sohn verwöhnt, dann deshalb, weil sie in ihr oder ihm das verwirklichen möchte, was sie nie durfte. Häufig steht hinter der Verwöhnung entweder ein schlechtes Gewissen, weil man dem Kind nicht geben kann, was es braucht, oder aber ein Benutzen des Kindes für eigene Zwecke. Die Mutter verwöhnt das Kind, um ihr eigenes ungelebtes Leben an ihm auszuleben. Verwöhnte Kinder geraten oft in die Sucht, nicht nur in die stofflichen Süchte wie Alkohol-, Drogen- oder Tablettensucht, sondern auch in die nichtstofflichen Süchte wie Beziehungssucht, Spielsucht oder Arbeitssucht. Aber auch die Magersucht, in der das Mädchen sich weigert zu essen und gegen ihre Rolle als Frau protestiert, kann aus kranken Mutterbeziehungen heraus entstehen. Umgekehrt zeigt die Esssucht, oft gekoppelt mit Bulimie (Brechen nach dem Essanfall), dass die junge Frau ihre mangelnde Geborgenheit mit Essen zustopft, damit sie sich nicht mehr einsam fühlt.

Die Auswirkung der Mutterwunden bei Erwachsenen

Wer an einer Mutterwunde leidet, der sehnt sich sein Leben lang nach der Mutter. Er braucht ständig Zuwendung und Anerkennung. Solche Menschen projizieren häufig ihre seelische Verletzung in die Menschen hinein, mit denen sie zusammenleben. Sie hören aus harmlosen Worten eine Ablehnung heraus. Sie sehen in jedem kummervollen Blick die Unzufriedenheit des andern. Sie beziehen alles auf sich und haben ständig Angst, von den andern abgelehnt zu werden. Sie bekommen nie genug Nähe, und wenn sich ihnen jemand zuwendet, dann klammern sie sich an ihn. Doch je mehr sie ihn festhalten möchten, desto eher reißt er sich von ihnen los. Denn mit ihrem übertriebenen Bedürfnis nach Zuwendung erzeugen sie im andern Angst. Sie kontrollieren jeden Verantwortlichen einer Gruppe oder einer Firma, ob er mit ihnen genauso viel spricht wie mit anderen. Sie suchen ständig seine Nähe, schmeicheln sich ein. Oder aber sie verausgaben sich, um auf diese Weise Zuwendung zu bekommen. Wer viel gibt, der braucht auch viel. Manche geben alles, weil sie unersättlich in ihrem Bedürfnis nach Liebe sind.

Wer zum Beispiel eine Gruppe leitet, der muss immer damit rechnen, dass die Mitglieder ihre Vater- und Mutterwunden mitbringen. Wenn sie eine Mutterwunde haben, dann werden sie den Leiter genau beobachten, wie lange er mit dem oder jenem Mitarbeiter, mit der oder jener Frau redet. Sie wachen eifersüchtig darauf, dass er sie genauso beachtet wie die andern. Oder aber sie tun alles, um seine Aufmerksamkeit zu erhaschen. Sie verstehen die Firma, die Gemeinschaft, die Familie als Ersatzmutter. Es darf keine Konflikte geben. Streit ist für sie immer bedrohlich, denn er raubt ihnen das Gefühl des Daheimseins. Wer aber als Leiter einer Gruppe von Menschen an einer Mutterwunde leidet und sich dessen nicht bewusst ist bzw. sie nicht wahrnimmt, wird sich schwer tun, sachlich zu führen. Er wird seine Führungsaufgabe dazu benutzen, sich bei allen beliebt zu machen: Alle sollen ihn mögen. Er braucht die Führungsfunktion, um seine eigenen Bedürfnisse nach Zuwendung zu erfüllen. Damit ist er aber nicht frei, die Menschen wirklich gut zu führen und in ihnen Leben zu wecken. Er benutzt die Menschen für sich selbst.

Wer sich mit seiner Mutterwunde aussöhnt, hat damit selbstverständlich noch nicht alle Lebensprobleme gelöst: Seine ganz besondere Geschichte kann für ihn zur Stärke werden, aber zugleich auch zur Gefährdung. Wer aufgrund seiner Mutterwunde für andere sorgt, kann sich gut in den andern einfühlen, ihn verstehen und ihm helfen. Aber ein solcher Mensch muss zugleich um die Gefährdung wissen, die darin liegt, sich grenzenlos für andere einzusetzen und zu wenig für sich selber zu sorgen. Die Mutterwunde kann in uns der Grund für eine Begabung werden, die sich darin ausdrückt, dass wir für andere Heimat schaffen können. Aber zugleich darf ich nicht vergessen, wo ich selbst Heimat erfahren kann. Ich muss bei mir gut daheim sein. Sonst bin ich in Gefahr, mit viel Liebe und Phantasie anderen ein Zuhause anzubieten, selbst aber an meiner Einsamkeit zugrunde zu gehen. Meine Lebensspur entdecke ich erst, wenn ich in meiner Mutterwunde zugleich die Chance und die Gefährdung sehe. Dann bin ich davor geschützt, eine zu einseitige Spur einzugraben und im Sumpf meiner unbewussten Bedürfnisse unterzugehen.

2. Vaterwunden

Der Vater hat die Aufgabe, dem Kind den Rücken zu stärken, ihm Mut zu vermitteln, das Leben zu wagen und ein Risiko einzugehen. In der Nähe des Vaters traut sich das Kind oft mehr zu, als wenn es alleine ist. Es wagt, über den Bach zu springen, es hat Mut, sich auf das Fahrrad zu setzen. Der Vater stärkt dem Kind das Rückgrat und hält ihm den Rücken frei. Wenn diese Vatererfahrung fehlt, dann sucht sich das Kind einen Rückgrat-Ersatz. Und der besteht oft genug in der Ideologie, in klaren und festen Prinzipien, hinter denen man sich versteckt. Theodor Bovet sagt daher, Ideologie sei Vaterersatz: Wer kein Rückgrat hat, der braucht einen anderen Halt. Und den geben ihm oft starre Normen, hinter denen er sich versteckt. Weil einem kein Vater den Rücken stärkt, muss man sich an Prinzipien festklammern, die einem die Sicherheit ersetzen. Solche Männer und Frauen wirken auf den ersten Blick oft stark. Sie wissen genau, was richtig ist und was sie wollen. Doch wenn man sie bewusst beobachtet, erlebt man sie als starr und unbeweglich.

In der geistlichen Begleitung haben wir oft gespürt, wie bei sehr konservativen Menschen die starre Weltanschauung nur ein Vaterersatz war. Nach außen hin begründen diese Menschen, wenn sie etwa aus dem kirchlichen Umfeld kommen, ihre konservativen Ansichten mit der Lehre der Kirche oder des Papstes. Wenn wir nicht gegen ihre Meinungen argumentieren, sondern ihnen mit Achtung und Wohlwollen begegnen, stellt sich häufig heraus, dass die konservative Einstellung nur ein Schutz ist vor dem Chaos im eigenen Innern. Oft genug steht da ein tiefes Verlassenheitsgefühl, ein Nicht-Ernstgenommenwerden vom Vater, eine Nicht-Erfahrung des Vaters. Der Vater war daheim nicht gegenwärtig. Er hielt sich aus der Erziehung heraus und versteckte sich hinter seiner Arbeit. Oder er war zu schwach, um Vater sein zu können. Er war depressiv oder alkoholabhängig. Oder er war im Krieg, fehlte in den wichtigen Jahren der Kindheit und war so vom Krieg gezeichnet, dass er nicht mehr offen war, den Kindern ein Vater zu sein. Er war mit sich und seinen traumatischen Erlebnissen beschäftigt und flüchtete in die Arbeit, in den Alkohol oder in die Krankheit. Für Menschen mit solchen Vatererfahrungen ist eine starre konservative Einstellung anfangs durchaus ein Schutz und auch ein stabilisierender Faktor. Aber auf Dauer führt diese Einstellung zur Erstarrung und zu einem inneren Gefängnis, aus dem man später nur schwer ausbrechen kann.

Es ist wichtig, dass wir die Einstellung dieser Menschen nicht bewerten. Vielmehr müssen wir ihnen Wertschätzung entgegenbringen. Dann dürfen wir oftmals erfahren, wie es auf einmal nicht mehr um Rechthaben geht, sondern um einen Weg zum wirklichen Leben.

Die neuere Säuglingsforschung hat gezeigt, wie wichtig der Vater bei der Ablösung des Kindes von der Mutter ist, die sich bereits zwischen dem neunten und vierzehnten Lebensmonat vollzieht. Wenn sich das Kind dabei an den Vater anlehnen kann, wird es vor schweren Verlassenheitsängsten geschützt (vgl. Petri 31). Wenn der Vater fehlt, wird das Gleichgewicht der Familie gestört. Das Kind, ob Junge oder Mädchen, kann sich nicht von der Mutter lösen und bleibt in der Symbiose mit ihr stecken. Die Psychologie hat erkannt, wie sehr die Vaterentbehrung das Kind verletzen kann. Der Vater hat die Aufgabe, dem Kind die Umwelt zu erschließen, damit es aktiv mit ihr umzugehen lernt. Der Vater ist für das Kind „Vorbild und Hoffnungsträger eigener Möglichkeiten“ (Petri 36). Wenn er ausfällt – durch frühen Tod, durch Abwesenheit, durch Scheidung –, dann fehlt dem Kind ein wichtiger

Schutz gegenüber den Bedrohungen der Außenwelt und eine entscheidend wichtige Identifikationsmöglichkeit. Das Kind kann sein Selbstwertgefühl nicht angemessen entwickeln.

Der Vater spielt auch eine wichtige Rolle bei der Gewissensbildung. Jungen, die ihren Vater entbehren mussten, zeigen eine ausgeprägte Neigung zur Regelverletzung, Grenzüberschreitung und aggressivem Verhalten. Je weniger sich der Junge mit dem Vater identifizieren konnte, desto stärker fällt sein „männlicher Protest“ gegen die Gesellschaft aus, der sich dann häufig in Form von antisozialen Aktivitäten ausdrückt (vgl. Petri 161). Dabei zeigt sich, dass die Vaterwunde umso tiefer die Seele des Kindes verletzt, je früher das Kind den Vater entbehren muss.

Die Auswirkungen der Vaterentbehrung sind bei der Scheidung oft stärker als beim Tod des Vaters. Denn bei der Scheidung erleben die Kinder häufig eine starke Entwertung des Vaters durch die Mutter. So können sie sich nicht mit ihm identifizieren, während der Vater durch frühen Tod oft verklärt wird und so als Identifikationsmöglichkeit gegenwärtig bleibt.

Die Vaterwunden der Töchter

Die Vaterwunden der Töchter haben meistens mit der ambivalenten Einstellung des Vaters zur Frau zu tun. Wenn ein Vater Angst hat vor Frauen, dann entwertet er oft die Tochter. Er macht sich lustig über ihre Gefühle. Oder wenn sie in die Pubertät kommt, verletzt er sie, indem er sie etwa auf ihre zu üppigen Körperformen hinweist. Auf der anderen Seite ist er stolz auf seine Tochter. Es tut ihm gut, wenn sie sich ihm zuwendet. Doch weil ihm seine Beziehung zu Frauen unklar ist, stößt er sie wieder ab. Oder er benützt sie für sich, indem er sie den Verwandten und Freunden vorzeigt. Dann aber wieder übersieht er sie, als ob es sie nicht gäbe. Was eine Frau erzählte, ist dafür beispielhaft: Sie wurde von ihrem Vater immer übersehen und hatte den Eindruck, dass sie als Kind und als junges Mädchen überhaupt keine Beziehung zum Vater hatte, ja dass sie nie ein Wort mit ihm gesprochen hat. Mädchen fühlen sich oft hin- und hergerissen zwischen dem Hingezogensein zum Vater und seiner abweisenden Haltung. Als kleines Kind haben sie die Zuwendung des Vaters erfahren. Doch sobald sich ihr Frausein entwickelt, entsteht eine Blockade. Sie finden keinen Zugang mehr zum Vater. Oft genug ist er auch abwesend, weil er sich hinter seinem Beruf versteckt. Daraus kann eine lebenslange Wunde resultieren.

Eine andere Verletzung der Tochter geschieht, wenn der Vater die Tochter für sich benutzt, entweder als Gefährtin und Partnerin oder aber als Geistesverwandte und Vertraute. Er bindet sie dann so an sich, dass sie sich kaum mehr von ihm lösen kann. Er umgibt sie mit aller Zärtlichkeit. Er lebt an ihr seine erotischen Bedürfnisse aus. Damit fühlt sich die Tochter überfordert.

Die tiefste Verletzung ist der sexuelle Missbrauch der Tochter durch den Vater. Ganz schlimm am Missbrauch ist die Gefühlsverwirrung der Tochter. Der Vater vermittelt seiner Tochter, dass er sie über alles liebt. Er streichelt sie. Und dann geht er auf einmal weiter und lebt an ihr seinen sexuellen Trieb aus. Die Tochter kennt sich nicht mehr aus. Der Vater hat ihr doch alle Liebe erwiesen. Und jetzt tut er ihr weh. Sie ekelt sich, aber sie traut sich nicht, sich dagegen zu wehren. Und sie kann auch mit der Mutter nicht darüber sprechen. So bleibt sie mit dem Missbrauch allein. Manchmal sucht sie die Schuld an sich. Vielleicht hat sie den Vater zu sehr gereizt. Manche Väter schärfen der Tochter ein, sie dürfe nie ein Sterbenswörtchen darüber sagen. Das sei ihr Geheimnis. Oder andere drohen der Tochter, wenn sie etwas sagen würde, würden sie beide bestraft. So muss die Tochter ihre Gefühle immer mehr abspalten. Und sie weiß nicht, wie sie mit ihrer Sexualität umgehen soll. Oft ekelt sie sich dann vor der Sexualität überhaupt und kommt nie mehr in eine gesunde Beziehung zu ihr.

Es kommt auch vor, dass Väter prügeln und schlagen. Wenn ein Vater die Tochter schlägt, so entsteht eine tiefe Vaterwunde. Die Tochter kann sich dem stärkeren Vater gegenüber nicht wehren. Eine Studentin erzählte, wie erniedrigend sie es erfuhr, wenn ihr Vater sie schlug. Auch mit 17 Jahren bekam sie noch Schläge von ihm. Da erlebte sie, wie sie als Frau missachtet wurde. Es wuchs in ihr ein abgrundtiefer Hass auf den Vater, der sich ihren Argumenten nicht stellte, sondern auf sie losschlug, wenn er anderer Meinung war als sie. In so einer gewaltsamen Atmosphäre kann die Tochter nicht zu sich selbst finden. Sie kann sich als Frau nicht annehmen, wenn sie ständig die brutale Gewalt des Mannes gegen sich erfährt.

Eine Frau erzählte, die Lehrerin habe sie oft gefragt, woher die blauen Flecken an ihren Armen kämen. Sie wagte nicht, der Lehrerin zu sagen, dass der Vater sie wieder geschlagen habe. Und als die Lehrerin den Verdacht äußerte, es könnte ihr Vater gewesen sein, verteidigte sie ihn sogar noch. Diese Frau hat sich ihr Leben lang nach der Nähe eines Mannes gesehnt, der sie bedingungslos liebt. Aber zugleich hat sie sich davor gefürchtet. Und unbewusst geriet sie immer wieder an Männer, die sie in ähnlicher Weise verletzt haben wie ihr eigener Vater.

Die Vaterwunden der Söhne

Auch Söhne müssen oft erleben, wie sie vom Vater geschlagen werden. Oft sind diese Väter nach außen sehr beherrscht und im Beruf erfolgreich. Aber daheim leben sie ihre Schattenseiten aus. Da werden sie jähzornig und haben sich nicht mehr in der Hand. Sie schlagen auf den Sohn ein und prügeln die Aggressionen aus ihm heraus. Das führt dazu, dass der Sohn sich anpasst, weil er keine Chance hat, gegen die Gewalt des Vaters anzugehen. Aber irgendwann gerät er dann in die Depression.

Ein Mann erzählte, dass der Vater ihn mit dem Ochsenriemen

geschlagen habe. Manchmal hatte er Angst, er würde ihn totschlagen, so jähzornig war er. Man kann sich vorstellen, welche Panik in so einem ohnmächtigen Kind entstand und wie er seine Gefühle abspalten musste, um überhaupt zu überleben. Er lebte immer in Angst vor dem unberechenbaren Vater und wusste gar nicht, wie er sich verhalten sollte. Denn der Wutanfall des Vaters war oft nicht ausgelöst durch ein bestimmtes Verhalten seinerseits, sondern durch die Launen, die der Vater von der Arbeit mitbrachte, oder von den Konflikten, die er mit der Mutter hatte. Der Sohn war Stellvertreter für die Wut, die der Vater bei seiner Frau oder in seiner Arbeit nicht ausagieren konnte.

Ein anderer Mann erzählte, dass der Vater aus dem Verprügeln seiner drei Söhne ein richtiges Ritual gemacht hatte. Da standen drei Stühle vor dem Arbeitszimmer des Vaters. Die Söhne mussten darauf warten. Dann musste jeder einzeln zum Vater. Der erklärte ihm, warum er ihn schlagen müsse. Dann musste der Sohn die Hose ausziehen und der Vater schlug ihn brutal auf den nackten Hintern. Nachdem er sich wieder angezogen hatte, musste der Sohn den Vater umarmen. Das war eine neue Kränkung. Denn in diesem Augenblick hatte der Sohn nur ein Gefühl des Hasses gegenüber dem Vater. Gezwungen zu werden, dem, der mich schlägt, auch noch meine Liebe zu zeigen, ist eine sadistische Form von Verletzung.

Seelische Verletzungen können auch auf subtilere Weise entstehen, zum Beispiel, wenn der Vater alles kann und seine Überlegenheit ausspielt: Der Vater ist etwa ein geschickter Handwerker. Oder er ist in der Politik erfolgreich und angesehen. Alles, was er anfasst, gelingt ihm. Manchmal erleben sich die Söhne solch erfolgreicher Väter als Versager. Der Vater kann für diese Wunde nichts. Denn es hat ja wenig Sinn, seine Fähigkeiten zu verstecken. Aber gegenüber einem Alleskönner tut sich ein Sohn oft schwer, seine eigene Identität zu finden. Er fühlt sich immer als minderwertig, als Versager. Oft bleibt ihm dann nichts anderes übrig, als genau das Gegenteil vom Vater zu tun. Der Sohn eines erfolgreichen Rechtsanwalts und Politikers fand seinen Weg darin, sich als Priester um Gefangene und Obdachlose zu kümmern. Er brauchte seinen eigenen Bereich, um seine Identität zu finden. Aber man kann auf Dauer nicht nur in Opposition zum Vater leben. So musste dieser Sohn auch Anschluss an die positiven Wurzeln finden, die ihm der Vater ebenfalls anbot. Der Priester entdeckte nach einigen Jahren, wie die Arbeit für die Gefangenen ihn auslaugte. Es steckte zu viel Protest gegen den Vater in diesem Engagement. Erst als er auch die Kraft in sich entdeckte, die er vom Vater mitbekommen hatte, konnte er seine Lebensspur finden und mit neuer Energie und Lust an seine Arbeit gehen.

Manche Väter haben Angst vor der Männlichkeit ihres Sohnes. Dann müssen sie den Sohn niedermachen, was häufig zu Rivalitätskämpfen führt. Solche Söhne sehen ihr Lebensmuster später nicht selten darin, andere klein zu machen. Der Hass gegen den Vater staut sich auf und wird gegenüber anderen ausgelebt. Denn gegenüber dem Vater hätte man keine Chance. So gibt man die Verletzungen an Schwächere weiter. Wenn diese Vaterwunde nicht angeschaut wird, wird sie zu einer fortwährenden Quelle der Gewalt und Erniedrigung. Das Phänomen der rechtsextremen Gewalt, vor dem wir derzeit fassungslos erschrecken, hat auch in solchen Vaterwunden ihren Grund.

Eine tiefe Vaterwunde entsteht immer auch dann, wenn der Vater willkürlich und unberechenbar ist. Wenn der Vater Alkoholiker ist, hat die ganze Familie oft Angst, sobald er heimkommt. Da genügt ein kleiner Anlass, dass der Vater alle anbrüllt oder willkürlich schlägt. Die Kinder haben Angst, dass er in seinem Jähzorn keine Grenze mehr kennt. Manchmal müssen sie auch erleben, wie der betrunkene Vater den Sohn halb totschlägt. Der Vater kann keinen Widerspruch ertragen und er kann es nicht aushalten, wenn der Sohn sich anders entwickelt, als er es sich vorstellt. Solche Männer reagieren brutal auf jede kleine Kritik oder Infragestellung. Sie haben Angst, von ihrer Machtstellung entthront zu werden. So schlagen sie um sich und wollen damit ihre brüchige Autorität festigen. Wer solch einen willkürlichen und brutalen Vater erlebt hat, findet in sich keinen Halt. Er konnte sich ja nie an den Vater anlehnen. So sucht er sich seinen Halt entweder in einer starren Haltung, in klaren Prinzipien oder aber er geht haltlos durch das Leben und findet nie einen festen Grund, auf dem er stehen kann.

Ein Mann erzählte, dass er immer Angst vor dem Vater gehabt habe. Der Vater war streng. Er hatte immer Recht. Er duldete keinen Widerspruch. Noch mit 45 Jahren hat der Vater ihn als Kind behandelt. Der Vater diktierte, der Sohn hatte zu gehorchen. Der Sohn fühlte sich immer unterdrückt, er durfte nie die eigenen Wünsche leben und wurde immer klein gemacht. So hat er nie gelernt, zu sich und seinen Gefühlen zu stehen. Gefühle durfte er bei seinem Vater nicht zeigen. So wurde er unsicher und ließ sich immer von außen bestimmen. Doch irgendetwas in seiner Seele rebellierte dann gegen diesen allmächtigen Vater. Man könnte sagen: Er brauchte ein Scheitern, um die Fesseln seines Vaters zu zerbrechen. Das war für ihn der einzig mögliche Weg in die Freiheit und zu seinem eigenen Weg. Aber zugleich war dieser Weg sehr schmerzlich.

Die Auswirkung der Vaterwunden bei Erwachsenen

Wer an einer Vaterwunde leidet, hat immer Autoritätsprobleme. Er kann mit Autorität nicht gut umgehen. Er hat den Eindruck, dass jeder Vorgesetzte ihn erniedrigen und bekämpfen möchte. So lebt er in ständigem Misstrauen gegenüber dem Vorgesetzten. Er kann ihm nicht objektiv begegnen, sondern sieht in ihm immer die Verhaltensweisen des Vaters, der ihn erniedrigt und unterdrückt hat. Jede kleine Kritik des Vorgesetzten erlebt er als Ablehnung oder Unterdrückung. Er muss sich gegen die Autorität schützen, weil er meint, sie würde ihn zerstören und hätte nur seinen Untergang zum Ziel. Genauso wenig aber kann er mit der Autorität umgehen, die ihm selbst zukommt. Entweder kann er sich den Konflikten nicht stellen. Er hat kein Rückgrat, versucht ständig zu harmonisieren oder die Probleme vor sich herzuschieben. Er vermeidet die Konflikte und geht jeder Konfrontation und Entscheidung aus dem Weg. Oder aber er wird autoritär. Er lässt keinen Widerspruch gelten – und kopiert in seinem ganzen Verhalten letztlich den autoritären Vater, den er ablehnt. Der Kinderpsychologe Bruno Bettelheim nennt das „die Identifizierung mit dem Aggressor": Weil der Sohn sich nicht gegen den Vater wehren konnte und sich immer als schwach erlebte, identifiziert er sich mit ihm und wird genauso brutal und autoritär anderen gegenüber, um seiner Angst vor der eigenen Ohnmacht zu entgehen.

Die Vaterwunde wirkt sich nicht zuletzt auch aus in einem tiefen Misstrauen Gott gegenüber. Männer und Frauen mit einer Vaterwunde haben immer den Eindruck, dass sie sich auf Gott nicht verlassen können. Unbewusst haben sie in sich das Bild eines willkürlichen Gottes. Es ist besser, sich gegenüber diesem Gott abzuschirmen, statt sich auf ihn einzulassen.

Das Misstrauen hegen sie aber auch gegen sich selbst. Sie trauen sich nichts zu. Sie packen die Probleme nicht an, sondern schieben sie vor sich her. Es fehlt ihnen die Vaterenergie. Sie passen sich lieber an und leben unauffällig, vermeiden jede Auseinandersetzung und schlängeln sich angepasst durchs Leben. Aber auf diese Weise leben sie nicht selbst, sondern werden von außen gelebt.

Wenn die Vaterwunde darin besteht, dass der Vater die Familie verlassen hat und zu seiner Freundin gezogen ist, dann zeigt sich diese Wunde bei Erwachsenen oft in einem Verlassenheitsgefühl. Sie leben mit einer Urangst, wieder verlassen zu werden, gerade von den Menschen, die sie am meisten lieben. Und diese Wunde führt dazu, dass sie die Schuld immer bei sich suchen. Quälende Fragen treiben sie um: Was habe ich verkehrt gemacht? Bin ich nicht liebenswert, so dass der Vater mich damals deswegen verlassen hat?

Durch den Weggang des Vaters kommt der älteste Sohn oft in die Vaterrolle. Und als Erwachsener kann er sie kaum ablegen. Das erschwert seine Beziehung zu seiner Frau und oft genug auch seine Arbeit in der Firma, in der er sich für alles verantwortlich fühlt.

Der Psychoanalytiker und Therapeut Horst Petri hat in seinem Buch „Vaterentbehrung" aufgezählt, welche Auswirkungen solche Erfahrungen im Laufe des Lebens haben können. Wenn der Sohn keine Identifikationsmöglichkeit mit dem Vater hat, drückt er seinen „männlichen Protest" oft in Form von antisozialen Aktivitäten aus (Petri 161). Er fühlt sich in seiner Männlichkeit unsicher und entwertet Frauen, um seine Unsicherheit zu überspielen. Vaterlose Männer und Frauen, so zeigen Untersuchungen, sind häufiger neurotisch, depressiv und selbstmordgefährdet als andere. Allerdings hängt unser Verhalten nicht nur von der Vaterentbehrung ab, sondern davon, wie wir damit umgehen und ob wir in unserer Lebensgeschichte genügend väterliche Menschen kennen gelernt haben.

Die Vaterwunde kann uns also am Leben hindern. Sie kann unsere ureigenste Lebensspur überdecken. Sie kann aber auch zu einer Chance werden. Wer sich mit diesem Aspekt seiner Biographie ausgesöhnt hat, wird nicht zum autoritären Führer, der nur auf den Tisch schlägt, um anderen seinen Willen aufzuzwingen. Er wird behutsam führen und auch auf die Schwächeren hören. Er wird niemanden mit seinem Anliegen übersehen. Aber er muss um seine Gefährdung wissen, Konflikten auszuweichen und Entscheidungen vor sich herzuschieben. Entscheidend ist, dass er nicht gegen seine Vaterwunde kämpft und lebt, sondern mit ihr. Dann wird auch er gerade hier seinen ganz besonderen Weg entdecken. Er wird seine Sehnsucht nach dem Vater leben, indem er für andere zum Vater wird. Auf diese Weise kommt er mit den positiven Wurzeln seines Vaters in Berührung. Es liegt an uns, ob unsere Vaterwunde uns dazu verdammt, sie zu wiederholen und immer wieder von neuem Verletzungen von Menschen zu erfahren, die uns überlegen sind, oder ob unsere Vaterwunde zur Chance wird, ob wir in ihr unser Charisma, unsere Lebensaufgabe, unsere Lebensspur erkennen. Dann werden wir im Frieden mit unserer Vaterwunde leben und unsere Spur wird nicht nur in uns, sondern auch in anderen Menschen Leben wecken.

3. Biblische Beziehungsgeschichten und Märchen

Wir wollen in diesem Buch unsere Vater- und Mutterwunden anhand biblischer Beziehungsgeschichten und in der Auseinandersetzung mit einigen Märchen anschauen. Unsere Erfahrung in der Begleitung anderer Menschen hat gezeigt, dass die Konfrontation der eigenen Elternbeziehungen mit einem biblischen Text eine erhellende und zugleich heilende Wirkung haben kann. Die Bibel kennt die vier klassischen Beziehungsgeschichten: die Beziehung zwischen Vater und Tochter in Mk 5,21–43, zwischen Mutter und Tochter in Mk 7,24–30, die Beziehung zwischen Vater und Sohn in Mk 9,14–29 und die Beziehung zwischen Mutter und Sohn in Lk 7,11–17.

Wenn wir bei Kursen über tiefenpsychologische Schriftauslegung der Gruppe diese Beziehungstexte zur Bearbeitung übergaben, entstand immer schnell ein sehr lebhaftes und persönliches Gespräch. Da erkannten die Männer und Frauen ihre eigene Lebensgeschichte wieder. Ihnen ging aber nicht nur auf, wie sie als Söhne und Töchter ihre Eltern erlebt haben, sondern ihnen wurde auch klar, wie sie als Väter oder Mütter mit ihren Kindern umgehen. Es ging ihnen auf, dass sich da vieles von dem wiederholt, was sie selbst in der eigenen Kindheit erfahren haben.

Bei der Arbeit mit den Texten geht es uns nicht darum, eine für alle gültige Auslegung zu entfalten. Wir laden die Teilnehmer und Teilnehmerinnen der Kurse vielmehr ein, ihre eigene Geschichte im Licht der biblischen Texte zu erkennen und die Schritte der Heilung und Verwandlung ihrer eigenen Elternbeziehungen zu entdecken. Es ist sicher nicht ohne Zufall, dass in den Bibeltexten Sohn und Tochter nie mit Namen genannt werden. Wir können so unseren eigenen Namen einsetzen und in den Personen der biblischen Geschichte unsere eigene Spur zum Leben entdecken.

In der Antike war der Umgang mit Texten ein entscheidendes Instrument der Psychologie und Seelsorge. Im alten Ägypten schrieben die Pharaonen über ihre Bibliothek: „Heilstätte der Seele" (Muth 31), eine Inschrift, die auch häufig über dem Eingang alter Klosterbibliotheken wieder auftaucht, wie etwa in St. Gallen. Auch heute ist die Bibliotherapie wieder aktuell geworden. Es gibt viele Therapeuten, die ihren Klienten Texte zum Lesen geben, um den therapeutischen Prozess in Gang zu bringen.

Was vermag ein Text zu bewegen? Was soll er bewirken? Er soll den Leser einladen, sich selbst bewusster wahrzunehmen, sich in seinen Beziehungsmustern zu erkennen, ohne sich zu beurteilen oder zu verurteilen. Der Text arbeitet nicht mit einem moralischen Zeigefinger. Er lässt uns die Freiheit, uns selbst auf die Schliche zu kommen und die eigene Situation klarer zu sehen. Aber vor allem möchte der Text seine heilende Kraft entfalten. Die biblischen Texte sind Heilige Schrift. Das Heilige heilt. Das ist die Überzeugung jeder Religion. Ein heiliger Text ist nicht nur ein interessanter Text, sondern ein Text, von dem heiligende und heilende Wirkungen ausgehen.

In unserer Zeit hat vor allem die Logotherapie die Heilkraft der Texte neu entdeckt. Viktor E. Frankl hat die Erfahrung gemacht: „Das rechte Buch zur rechten Zeit hat viele Menschen vor dem Selbstmord bewahrt" (Lukas 75). Texte bieten die Erfahrung an, „dass das Leben sinnvoll sein und gelingen kann, trotz seiner Gebrochenheit" (ebd.). Der jüdische Dichter Franz Kafka hat ein eindrucksvolles Bild gefunden: Der Text soll „die Axt sein für das gefrorene Meer in uns".

Der Umgang mit einem biblischen Text oder mit einem Märchen soll, wenn wir das Wort Kafkas aufgreifen, die eingefrorenen Gefühle in uns lockern und auftauen, damit sie wieder zu fließen beginnen. Wir sind oft genug von unseren Gefühlen abgeschnitten. Manche können in der Therapie oder Seelsorge zwar gut über ihre Elternbeziehungen sprechen, aber sie sind nicht in Berührung mit ihren wahren Gefühlen. Sie erzählen lächelnd, wie der Vater sie geschlagen und gedemütigt hat. Ein Text spricht nun ihre Gefühlsebene an. Er lädt den Leser ein, mit seinen abgeschnittenen Gefühlen wieder in Berührung zu kommen. Er nimmt ihm die Angst vor seinen Schattenseiten und vor unangenehmen Emotionen, die in seinem Inneren brodeln und die er am liebsten unter Verschluss halten möchte. Wer sich meditierend auf einen Text einlässt, dem bietet sich die Chance, „dass ein tief greifender, existenzieller Reifungsprozess in Gang gesetzt, dass Bewusstseinsarbeit geleistet wird, die schließlich zu heiterer Gelassenheit führen, die günstigenfalls Erlösung und Befreiung bewirken kann" (Raab 76).

Aber was soll die Kombination zwischen biblischen Texten und Märchen? Sollen die Bibeltexte auf die gleiche Ebene wie die Märchen gestellt werden? Es gibt Unterschiede und zugleich Gemeinsamkeiten. Die biblischen Heilungsgeschichten beschreiben tatsächliche Heilungen, sie berichten Geschehenes. Die Märchen beschreiben einen Vorgang, den Weg menschlicher Selbstwerdung. Sie nehmen für sich nicht in Anspruch, dass sie wirklich geschehen sind. Märchen entstammen der Volksweisheit, die Bibel ist ein heiliger Text. Die Heilige Schrift ist vom Heiligen Geist eingegeben, so sagt die Theologie. Die Worte der Bibel sind heilige und heilende Worte. Das frühe Mönchtum – etwa Evagrius Ponticus – hat die Bibel als Heilungsbuch verstanden und auch so benutzt. In der Heiligen Schrift sagt uns Gott selbst, wie es um den Menschen steht. Und Gott selbst weist uns den Weg zur Heilung unserer Wunden. In der Bibel geschieht die

Heilung durch ein plötzliches Wunder. Im Märchen wird der ganze Prozess der Heilung als oft lang dauernder Weg beschrieben. Die Selbstwerdung ist im Märchen oft konkreter beschrieben. Sie geschieht nicht einfach an mir, ich muss mich vielmehr selbst auf den Weg machen und über lange Umwege schließlich zu meiner Lebensspur finden.

Aber trotz aller Unterschiede haben biblische Texte und Märchen auch etwas Gemeinsames. Beide beschreiben in Bildern den Weg des Menschen und die Verwandlung seiner Wunden in neue Lebensmöglichkeiten. Die Bibel beschreibt das, was Jesus an den Menschen getan hat, in Bildern, die es uns erlauben, diese Geschichten auch auf uns zu beziehen und uns darin wieder zu finden. Die Märchen bestehen aus Bildern, in denen wir unseren eigenen Weg erkennen können. Es sind archetypische Bilder, die etwas in uns in Bewegung bringen. Auch wenn Jesus die Kranken heilt, so tut er es nicht ohne ihr Zutun. Wenn wir die biblischen Texte genauer anschauen, entdecken wir auch, welche Schritte wir tun müssen, damit unsere Wunden sich wandeln und wir unsere eigene Gestalt ausformen.

Wir haben die Erfahrung gemacht, dass sich manche Menschen leichter tun, sich auf einen biblischen Text einzulassen. Er ist ihnen vertraut. Es kommt nur darauf an, dass sie nicht eine angelesene Auslegung benutzen oder über den Text nur in theologischen Kategorien nachdenken, um sich selbst aus dem Heilungsgeschehen herauszuhalten. Eine Unmittelbarkeit zum Text ist wichtig. Die Leser sollen sich selbst im Bibeltext erkennen und ihre eigene Lebensgeschichte im Licht der Schriftstelle anschauen.

Andere tun sich mit der Bibel schwer. Sie betrachten die Bibel als Text der Kirche. Die Kirche hat ihnen die Bibel verleidet durch eine allzu enge und moralisierende Auslegung. Sie lassen sich lieber auf ein Märchen ein. Da brauchen sie keine Voraussetzungen des Glaubens. Die Bilder der Märchen sind offen für alle. Wenn sich jemand freilich intensiv auf ein Märchen einlässt, dann wird er auch hier die spirituelle Dimension des Textes und seines eigenen Lebens entdecken.

Der eine geht von der Spiritualität aus, um sich ehrlich seiner psychologischen Situation zu stellen. Der andere geht von den Bildern des Lebens aus, wie sie ihm die Märchen darbieten, um auf diesem Weg langsam mit seiner Sehnsucht nach einer authentischen Spiritualität in Berührung zu kommen.

In unserer Arbeit der spirituellen Begleitung müssen wir sensibel sein für die innere Situation der jeweils Einzelnen, um zu erspüren, ob nun ein Märchen oder ein Bibeltext angemessener ist, um der eigenen Wahrheit näher zu kommen. Bei beiden Arten von Texten geht es aber nicht nur darum, die eigene Situation zu erkennen und bei der Analyse stehen zu bleiben, sondern zugleich auch Hoffnung auf Heilung und Verwandlung zu schöpfen. Bibeltexte wie Märchen zeigen einen Weg, wie die Vater- und Mutterwunden verwandelt werden und wie wir unsere eigene Gestalt entdecken und leben können.

In den biblischen Beziehungsgeschichten wendet sich Jesus nie nur dem Sohn oder der Tochter zu, sondern immer auch dem Vater und der Mutter. Eltern und Kinder bedürfen der Behandlung. Jesus möchte Eltern und Kinder je zu sich selbst führen. Dazu müssen sie erst aus dem krank machenden Beziehungsgeflecht befreit werden. Die Verstrickung ineinander muss aufgelöst werden, damit jeder ganz er selbst werden kann. Jesus geht es nie darum, dass er die Eltern anklagt, so als ob sie schuld seien an der Krankheit der Kinder. Er erkennt die unheilvolle Beziehung, die Verwicklungen und Verstrickungen, in die sie geraten sind und aus denen sie sich nicht aus eigener Kraft befreien können. Man könnte sagen, dass Jesus einer der ersten Familientherapeuten war. Er hat systemische Therapie betrieben, d.h. er hat immer das Beziehungsgeflecht in den Blick genommen, ohne dabei zu bewerten oder Schuldzuweisungen zu erteilen. Er sieht nur, was sich verheddert hat und welche dämonische Störung sich eingeschlichen hat in die Beziehung zwischen Vater und Sohn und Mutter und Tochter.

Der systemische Psychotherapeut Bert Hellinger hat immer wieder darauf aufmerksam gemacht, dass die Söhne und Töchter oft ausagieren, was in der Familie geheim oder unaufgearbeitet geblieben ist. Der Sohn übernimmt die Stelle des früh verstorbenen Onkels oder Großvaters. Die Tochter identifiziert sich mit der depressiven Großmutter. Familiengeheimnisse werden an den Söhnen und Töchtern offenbar. Von der Tiefenpsychologie her würde man das etwas anders erklären: Der Vater ist nie nur Vater, sondern auch der Sohn, der von seinem Vater und Großvater, von seinem Onkel, von seinem Pfarrer und seinen Lehrern geprägt ist. Er gibt unbewusst das Bild von sich weiter, das er in seiner Lebensgeschichte von anderen übernommen hat. In ihm verdichtet sich die Familiengeschichte. Und so hat auch sein Sohn oder seine Tochter an den Verwicklungen der Familiengeschichte teil. Sie werden mit hineingezerrt in die unbewussten Beziehungen der Großfamilie. Vergangenes wird ihnen aufgebürdet. Und oft wissen sie nicht, woran sie eigentlich leiden.

Die Eltern geben unbewusst weiter, was sich ihnen eingeprägt hat. Häufig werden sie sich dabei ertappen, dass sie die gleichen Verhaltensweisen ihren Kindern gegenüber zeigen, die sie bei ihren eigenen Eltern abgelehnt haben. Sie wollten ganz anders sein. Nun müssen sie erkennen, dass sie die Fehler der Eltern wiederholen. Heilung kann nur geschehen, wenn das oft unklare und chaotische Beziehungsgeflecht der Familie aufgelöst wird, wenn jeder sein eigenes Leben und seine eigene Position klar erkennt und dazu befähigt wird, als er selbst zu leben, ohne den Zwang, die Eltern oder Großeltern kopieren zu müssen. Und Heilung heißt, dass ich die Eltern in ihrer Eigenart würdige, dass ich die Verletzungen, die sie mir angetan haben, bei ihnen lasse, und für das danke, was sie mir gegeben haben.

Bei den biblischen Beziehungsgeschichten tritt Jesus als Therapeut auf. Bei seiner Therapie entdecken wir Weisheit und eine große Sensibilität im Umgang mit den Kranken. Doch vielen erscheint es befremdend, wenn Jesus dadurch heilt, dass er einen Dämon austreibt.

Interessant ist, dass von der Dämonenaustreibung immer nur bei den gleichgeschlechtlichen Beziehungen die Rede ist, also bei der Vater-Sohn- und Mutter-Tochter-Beziehung. Die Dämonen werden oft als unreine Geister beschrieben. Sie trüben unser Denken. Und Dämonen stehen für innere Zwänge, für fixe Ideen, für Komplexe, die uns in der Gewalt haben.

Jesus hat offensichtlich erkannt, dass der Sohn durch den Vater und die Tochter durch die Mutter getrübt wird, dass sie ihre wahre Identität nicht finden, weil Vater und Mutter ihre eigenen unaufgearbeiteten Probleme auf sie projizieren. Das unklare Männerbild des Vaters und die unbewusste Selbstentwertung der Frau durch die Mutter legen sich wie Dämonen auf den Sohn und die Tochter. Daher werden sie nur heil und ganz, wenn sie von diesen Trübungen durch die Eltern befreit werden, wenn der Dämon ausgetrieben wird.

Bei den gegengeschlechtlichen Beziehungen Vater–Tochter und Mutter–Sohn heilt Jesus Sohn und Tochter, indem er sie auferweckt vom Tode. Tod ist hier ein Bild für die radikale Trennung, die Sohn und Tochter erst vollziehen müssen, damit sie ihre eigene Lebensspur finden. Wenn sie in ihrer alten Identität gestorben sind, dann berührt sie Jesus, richtet sie auf und entlässt sie auf ihren eigenen Weg.

Bei den Märchen ist es nicht Jesus, der heilt, sondern ein Prinz, der Dornröschen wachküsst, oder eine gute Fee oder ein Zwerg oder ein Tier. Diese Figuren stehen bildhaft für Anteile unseres

Selbst, die wir brauchen, damit unser Leben gelingt. Die Märchen beschreiben in diesen Bildern unsere eigenen Ressourcen, aus denen wir schöpfen können. In uns sind Quellen heilender Kräfte. Indem wir die Märchen lesen und meditieren, kommen wir in Berührung mit den Mächten in uns, die wir für ein Gelingen unseres Lebensweges brauchen.

Aber auch hier dürfen wir bei aller Unterschiedenheit von Bibel und Märchen doch die Ähnlichkeit betonen. Jesus ist in der Bibel nicht nur der Heiler, der uns berührt und aufrichtet und uns das heilende Wort zuspricht. Jesus ist nicht nur der geschichtliche Jesus. Er ist auch nicht nur der Christus, der heute lebt und zu dem wir mit unseren Wunden kommen dürfen, damit er uns heilt, wenn wir vor ihm stehen. Er ist zugleich auch ein Archetyp des Selbst. C.G. Jung hat in Jesus den klarsten Archetyp des Selbst erkannt. Ein archetypisches Bild bringt die Seele in Bewegung auf ihre eigene Ganzheit hin. Durch die Meditation der biblischen Geschichten wird „das geheime, unbewusste Grundleben jedes Einzelnen offenbar" (Jung 97). Durch Jesus erkennen wir, was in uns an Möglichkeiten bereitliegt. Er bringt die heilende Quelle, die in uns ist, wieder zum Strömen. Jesus ist nicht nur der, der uns von außen berührt und heilt. Er ist auch in uns als das wahre Selbst, als der innere Kern, als die heilende Kraft, die uns von Gott geschenkt ist. Die biblischen Geschichten beschreiben diesen Christus in uns. Und wir meditieren ihn, damit er in uns seine heilende und verwandelnde Wirkung entfalten kann.

Sowohl durch die Märchen als auch durch die Bibel kommen wir also in Berührung mit den inneren Quellen, aus denen wir schöpfen müssen, damit unser Leben gelingt. Christus ist schon in uns. Er, der die Menschen damals so weise behandelt hat, möchte auch in uns aufstehen und in uns Raum gewinnen, damit wir uns von ihm als dem inneren Meister leiten lassen und nicht von den Verstrickungen, die uns blind machen für die eigenen Möglichkeiten. Sowohl Bibel wie Märchen wollen uns die spirituelle Seite unseres Heilungsweges und des Prozesses unserer Selbstwerdung vor Augen halten. Die Texte zeigen uns, dass wir nicht alles selbst machen müssen, sondern dass Gott in den Worten und Bildern in uns wirkt und dass er in Jesus Christus an und in uns handelt, damit unser Leben gelingt.

4. Die Beziehung zwischen Vater und Tochter. „Mädchen, ich sage dir, steh auf!“ (Mk 5,21–43)

„Jesus fuhr im Boot wieder ans andere Ufer hinüber, und eine große Menschenmenge versammelte sich um ihn. Während er noch am See war, kam ein Synagogenvorsteher namens Jairus zu ihm. Als er Jesus sah, fiel er ihm zu Füßen und flehte ihn um Hilfe an; er sagte: Meine Tochter liegt im Sterben. Komm und leg ihr die Hände auf, damit sie wieder gesund wird und am Leben bleibt. Da ging Jesus mit ihm. Viele Menschen folgten ihm und drängten sich um ihn. Darunter war eine Frau, die schon zwölf Jahre an Blutungen litt. Sie war von vielen Ärzten behandelt worden und hatte dabei sehr zu leiden; ihr ganzes Vermögen hatte sie ausgegeben, aber es hatte ihr nichts genutzt, sondern ihr Zustand war immer schlimmer geworden. Sie hatte von Jesus gehört. Nun drängte sie sich in der Menge von hinten an ihn heran und berührte sein Gewand. Denn sie sagte sich: Wenn ich auch nur sein Gewand berühre, werde ich geheilt. Sofort hörte die Blutung auf, und sie spürte deutlich, dass sie von ihrem Leiden geheilt war. Im selben Augenblick fühlte Jesus, dass eine Kraft von ihm ausströmte, und er wandte sich in dem Gedränge um und fragte: Wer hat mein Gewand berührt? Seine Jünger sagten zu ihm: Du siehst doch, wie sich die Leute um dich drängen, und da fragst du: Wer hat mich berührt? Er blickte umher, um zu sehen, wer es getan hatte. Da kam die Frau, zitternd vor Furcht, weil sie wusste, was mit ihr geschehen war; sie fiel vor ihm nieder und sagte ihm die ganze

Wahrheit. Er aber sagte zu ihr: Meine Tochter, dein Glaube hat dir geholfen. Geh in Frieden! Du sollst von deinem Leiden geheilt sein.

Während Jesus noch redete, kamen Leute, die zum Haus des Synagogenvorstehers gehörten, und sagten (zu Jairus): Deine Tochter ist gestorben. Warum bemühst du den Meister noch länger? Jesus, der diese Worte gehört hatte, sagte zu dem Synagogenvorsteher: Sei ohne Furcht; glaube nur! Und er ließ keinen mitkommen außer Petrus, Jakobus und Johannes, den Bruder des Jakobus. Sie gingen zum Haus des Synagogenvorstehers. Als Jesus den Lärm bemerkte und hörte, wie die Leute laut weinten und jammerten, trat er ein und sagte zu ihnen: Warum schreit und weint ihr? Das Kind ist nicht gestorben, es schläft nur. Da lachten sie ihn aus. Er aber schickte alle hinaus und nahm außer seinen Begleitern nur die Eltern mit in den Raum, in dem das Kind lag. Er fasste das Kind an der Hand und sagte zu ihm: Talita kum!, das heißt übersetzt: Mädchen, ich sage dir, steh auf! Sofort stand das Mädchen auf und ging umher. Es war zwölf Jahre alt. Die Leute gerieten außer sich vor Entsetzen. Doch er schärfte ihnen ein, niemand dürfe etwas davon erfahren; dann sagte er, man solle dem Mädchen etwas zu essen geben."

Als erste Beziehungsgeschichte schildert uns Markus den Konflikt zwischen Vater und Tochter. Jairus war Synagogenvorsteher. Wir würden sagen, er war Pfarrer oder Religionslehrer. Auf jeden Fall hatte er eine religiöse Funktion und war Vorgesetzter einer Gemeinde. Solche Menschen sind oft in Gefahr, sich mit ihrer beruflichen oder sozialen Rolle zu identifizieren und diese Rolle auch in der Familie weiterzuspielen. Der Vorsteher meint, er könne mit seinen Kindern genauso umgehen wie mit seinen Untergebenen. Er vermittelt ihnen, dass er Bescheid weiß in der Kindererziehung. Religiöse Funktionäre vermischen manchmal ihre Vaterfunktion mit religiösen Ideen. Die Tochter eines evangelischen Pfarrers erzählte, wie ihr Vater in dem gleichen Ton, in dem er in der Kirche predigte, ihr gegenüber seine Bitten aussprach, etwa, wenn sie ihm Bier aus dem Keller holen sollte. Eine solche Vermischung der Vaterrolle mit der Pfarrerrolle wirkt sich immer irritierend auf die Kinder aus. Und wenn die Autorität des Vaters noch religiös begründet und untermauert wird, dann kann sich die Tochter kaum dagegen wehren. Der Vater ist dann etwas Absolutes. Auch wenn die Tochter seine Menschlichkeit entdeckt, seine Fehler und Schwächen, verschließt sie lieber ihre Augen davor, weil der Vater doch der ist, der auch in der Kirche auftritt. Und im Talar haftet ihm etwas Numinoses an. Es ist sowohl für den Vater als auch für die Tochter schwer, das rein Menschliche vom Religiösen zu trennen und den andern in seiner Vater- bzw. Tochterrolle zu sehen.

Drei Töchter-Rollen

Wenn wir die Beziehungsgeschichte zwischen Vater und Tochter in dieser Geschichte anschauen, können wir aus den wenigen Angaben natürlich nicht die wirkliche Situation ermitteln. Aber gerade weil die biblischen Texte vieles offen lassen, können wir die Bilder mit unseren eigenen Lebensgeschichten füllen. Der Vater ist Synagogenvorsteher. Er hat also eine führende Funktion inne. Vielleicht hat er sich mit seiner Vorsteherrolle so identifiziert, dass er die Tochter übersehen hat. Die Psychologin Julia Onken hat beschrieben, wie Töchter darunter leiden, wenn sie von ihrem Vater übersehen werden. Sie haben zeit ihres Lebens mit mangelndem Selbstvertrauen zu kämpfen. Sie sind sich ihres Aussehens, ihres Wertes und ihrer Identität nicht sicher. Nach Julia Onken gibt es für die Tochter drei Weisen, auf das Übersehenwerden durch den Vater zu reagieren.

„Die häufigste Variante ist die Gefall-Tochter“ (Onken 84). Sie versucht, dem Vater zu gefallen, indem sie sich entweder mit ihrem weiblichem Charme bemerkbar macht und sich besonders hübsch kleidet oder indem sie sich anpasst und dem Vater jeden Wunsch von den Lippen abliest. Gefall-Töchter werden ihr Leben lang Männern zu gefallen suchen. Sie definieren sich über die Erfahrung, dass sie bewundert werden. Wenn das wegfällt, kann für manche Frau eine tödliche Bedrohung erwachsen. Sie sehen im Extremfall keinen Ausweg mehr, als aus dem Leben zu scheiden.

Die zweite Möglichkeit ist die „Leistungs-Tochter". Sie versucht, dem Vater durch Leistung zu imponieren. Sie beobachtet genau, welche Bereiche für den Vater wichtig sind. In diesem Bereich versucht sie, besonders viel zu leisten. Aber das geht immer zu Lasten der eigenen Identität. Die Leistungstochter geht über ihre Gefühle hinweg und über die innere Ahnung, was für sie stimmen würde. Die eigene Schwachheit verleugnet sie. Sie möchte auf keinen Fall schwach erscheinen. So beißt sie die Zähne zusammen und entwickelt eine ungeheure Disziplin. Sie entwertet ihre Mutter, die oft genug vom leistungsbesessenen Ehemann abgewertet wurde. Der Preis für dieses Lebensmuster ist eine innere Leere. Die Tochter opfert ihre Gefühle auf dem Altar des Erfolges.

Die dritte Möglichkeit ist die „Trotz-Tochter". Sie bringt dem Vater Widerstand entgegen. Sie kämpft gegen seine Meinungen, ist oft ironisch, scharf in ihrer Beobachtung. Sie ringt dem Vater „seine Aufmerksamkeit ab, sie erkämpft sich sein Interesse, sie zwingt ihn, ihre Existenz zur Kenntnis zu nehmen und sich mit ihr zu duellieren: Ich spüre Widerstand, also bin ich" (Onken 84). Sie kann glänzend argumentieren und reibt sich in endlosen Streitgesprächen mit dem Vater, so dass er sie beachten muss.

Vielleicht ist auch die Tochter des Jairus von ihrem Vater übersehen worden. Und so hat sie sich in eine der drei Töchter-Rollen geflüchtet, um zu überleben. Aber sie hat dabei nicht zum Leben gefunden, sondern ist immer mehr in den Strudel des Todes geraten. Der Name Jairus heißt eigentlich: „Gott erleuchtet" oder

„Gott erweckt". Vielleicht liegt im Namen ein Programm für die Heilung der Tochter. Nicht der Vater wird sie erleuchten oder erwecken. Die Erleuchtung muss von woandersher kommen, aus ihrem eigenen Inneren, aus ihrem wahren Selbst, aus Gott. Vom Vater wird sie vermutlich nie so gesehen werden, wie sie das gerne möchte. Sie wird immer das Defizit der Vaterwunde schmerzlich spüren. Ihr Bedürfnis, vom Vater endlich in ihrer Würde und in ihrer Einzigartigkeit anerkannt zu werden, muss sie loslassen, anstatt durch Gefallen, Leistung oder Trotz die Aufmerksamkeit des Vaters zu erringen.

Der Name des Vaters gibt den Weg an, auf dem die Tochter frei werden könnte von ihrer Fixierung auf die Zuwendung des Vaters. Sie muss über ihn hinaussehen. Sie braucht einen anderen Grund als ihren persönlichen, leiblichen Vater. Sie muss den Grund ihrer Existenz entweder in sich selbst finden, in ihrer eigenen Einmaligkeit, oder aber in Gott. Der Verweis auf Gott soll kein billiger Trick sein, aus ihrer Abhängigkeit vom Vater freizukommen. Aber nur wenn sich die Tochter eingesteht, dass ihr Vater sie nie so ansehen und würdigen wird, wie sie es sich ersehnt, wird sie von der Fixierung frei werden. Und dann kann sie ihre Augen auf das richten, was sie wirklich trägt, auf die eigene Würde, auf Gott, der sie in ihrer Einmaligkeit anschaut, der sie bei ihrem Namen ruft.

In der Geschichte ist die Tochter des Jairus ohne Namen. Vielleicht kann das auch ein Hinweis darauf sein, dass sie ihren eigenen Namen erst noch entdecken muss, den einmaligen Namen, mit dem Gott sie gerufen hat und der ihr sagt, welches Geheimnis ihres Lebens sie entfalten soll.

Das Sterben der Tochter

Die Tochter des Jairus lag im Sterben. Der Vater kann ihr nicht mehr helfen. In seiner Hilflosigkeit wendet er sich an Jesus: „Komm und leg ihr die Hände auf, damit sie wieder gesund wird und am Leben bleibt" (Mk 5,23). Die Beteiligten können den Konflikt nicht lösen. Der Vater kann nicht der Therapeut für seine Tochter sein. Da muss ein anderer kommen und seine schützenden Hände über der Tochter ausbreiten, damit sie wieder atmen und in aller Freiheit über sich reden kann. Wenn der Vater auf die Tochter einredet, wird sie nie gesund werden. Sie bleibt das von ihm infizierte Kind, das nicht erwachsen werden kann. Wenn der Vater die Tochter zu heilen versucht, merkt er gar nicht, dass er ja selbst das Problem ist. Die Tochter wird nicht gesund, weil sie zu sehr an den Vater gebunden ist, im positiven wie im negativen Sinn. Entweder bewundert sie ihn so sehr, dass sie sich nicht von ihm lösen kann, oder sie wird von ihm ständig entwertet und in ihrer Entwicklung als Frau lächerlich gemacht. In beiden Fällen entsteht eine Bindung, die der Vater auch durch Änderung des Verhaltens und durch guten Willen nicht lösen kann. Es braucht den Löser von außen, der sie auslöst aus der Hand des Vaters. Die Tatsache, dass der Vater seine Ohnmacht anerkennt und seine Tochter den Händen und der Obhut Jesu anvertraut, ist schon der erste Schritt der Heilung. Dies gilt, auch wenn es für viele Väter eine narzisstische Kränkung ist, dass sie mit ihrem ganzen psychologischen Wissen und ihrer gut gemeinten Liebe und Zuwendung ihrer Tochter nicht zu helfen vermögen.

Wenn die Tochter in den heilenden Raum eines in sich ruhenden Mannes oder einer reifen Frau gerät und sich dort aufhalten kann, kann sie gesund werden. Das Fatale ist, dass sich die Tochter häufig einen Freund, Therapeuten, Seelsorger oder Begleiter sucht, der die Rolle des Vaters fortsetzt. Dann geschieht keine

Heilung, sondern das krank machende Muster verfestigt sich. Der Therapeut oder Seelsorger umgibt sich genau wie der Vater mit einem numinosen Nimbus, der die Tochter offensichtlich anzieht. Es ist wie eine Falle, in die sie gerät. Und dann geht die Verletzung weiter. Daher ist es um der heilsamen Entwicklung willen wichtig, dass sich die Tochter ihrer Vaterwunde auch stellt. Nur wenn sie es wagt, kann sie ihrem Gefühl trauen und erkennen, an wen sie sich wenden darf und an wen nicht. Sonst wird sie immer wieder an Menschen geraten, die die Verletzungen des Vaters wiederholen.

Es ist eine große Gefahr für jeden Seelsorger und Therapeuten, dass sie sich mit archetypischen Bildern identifizieren und dadurch die Menschen, die ihre Begleitung suchen, von neuem verletzen. Wenn zu einem männlichen Seelsorger eine Frau mit einer Vaterwunde zum Gespräch kommt, taucht in ihm leicht der Archetyp des Vaters auf: „Ich könnte für sie der Vater sein, den sie niemals erleben durfte." Wenn der Begleiter sich davon leiten lässt, merkt er gar nicht, wie er sein eigenes Bedürfnis nach Nähe bei der Frau auslebt. Und damit hilft er der Frau nicht weiter. Oder wenn die Frau über ihre Wunden klagt und erzählt, dass ihr noch keiner helfen konnte, meldet sich im Begleiter der Archetyp des Heilers: „Ich könnte sie heilen. Wenn ich mich von Gott leiten lasse, kann ich ihre Wunden heilen." Auch da merkt er nicht, wie er seine eigenen Bedürfnisse ausagiert, seine narzisstischen Größenphantasien oder sein Bedürfnis, etwas Besonderes zu sein, oder das Heil Gottes vermitteln zu können.

Die Angst des Vaters

Als die Freunde des Synagogenvorstehers kommen und ihm melden, dass das Mädchen schon gestorben sei, dass es daher keinen Zweck habe, Jesus zu bemühen, fordert Jesus den Vater auf:

„Sei ohne Furcht; glaube nur!" (Mk 5,36). In diesem kurzen Wort wird sichtbar, wie Jesus die innere Verfassung der Menschen sofort erfasst. In jeder Heilungsgeschichte können wir sehen, wie Jesus den Kern der Sache trifft. In diesem Fall spürt er die Furcht des Vaters als das eigentliche Problem. Im Griechischen gibt es nicht die Unterscheidung zwischen Angst und Furcht. Die eigentliche Vaterwunde besteht für die Tochter in der Angst des Vaters. Weil der Vater Angst hat, will er sie kontrollieren. Aus Angst unterdrückt er ihre Sexualität. Aus Angst vor ihrem Frausein hindert er sie daran, ihre eigene Identität zu entwickeln. Jesus erkennt intuitiv die tiefere Problematik dieses Mannes. Und er holt ihn dort ab, wo er in sich selbst und in seiner Angst gefangen ist. Weil Jesus den Mann versteht, kann er ihn aus seiner ängstlichen Bindung an die Tochter befreien und auf die eigenen Füße stellen.

Viele Väter kennen heute das Problem der Angst ihren Töchtern gegenüber. Sie ängstigen sich vielleicht, dass ihre Töchter auf Abwege geraten, und so müssen sie kontrollieren, wann sie abends vom Treffen mit ihrem Freund heimkommen. Weil er befürchtet, dass die Tochter ihre Sexualität nicht im Griff hat, liest der Vater heimlich in ihrem Tagebuch, um zu erfahren, ob sie schon eine sexuelle Beziehung hat. Vielleicht hat der Vater auch Angst, dass seine Tochter intelligenter ist als er. Das könnte er nur schwer verkraften. Oder er hat Angst, dass sie die Bedürfnisse lebt, die er sich immer verboten hat. In der Angst um die Tochter lebt der Vater seine eigene Angst aus. Er hat letztlich Angst vor sich selbst: vor seiner Sexualität, vor dem Weiblichen, das er nicht versteht, vor Versagen, vor den eigenen Bedürfnissen und Wünschen, vor dem Chaos in seiner Seele. Je mehr er aus Angst die Tochter vor Fehlern bewahren will, desto größer ist die Gefahr, dass er sie verführt, gerade in diese Fehler hineinzugeraten. Was der Vater unbedingt vermeiden will, das bewirkt er so bei der Tochter. Sie wird immer mehr infiziert von seiner Angst. Selbst wenn der Vater schon gestorben ist, kann die Angst des Vaters das Denken der Tochter noch trüben. Die Angst wird zum Dämon, der sich in der Seele der Tochter festsetzt.

Jesus behandelt zuerst den Vater. Er befreit ihn von seiner ängstlichen Fixierung auf die Tochter. Er löst ihn aus der unheilvollen Verstrickung, die sowohl ihm als auch der Tochter schadet. Er stellt ihn auf seine eigenen Füße, damit er seine Vaterrolle in Freiheit und Vertrauen erfüllen kann. Jesus weigert sich, dem Vater die Schuld an der Krankheit seiner Tochter zuzuschreiben. Er löst die enge Verwicklung zwischen Vater und Tochter auf, damit beide ganz sie selbst sein können. Darin besteht für Jesus die Heilung. Wenn die Verstrickung aufgelöst wird, können Vater und Tochter heil werden und ganz.

Der erste Schritt der Therapie Jesu besteht darin, dass er dem Vater erlaubt, seine Angst anzuschauen. Er verurteilt ihn nicht wegen seiner Angst. Nur wenn er die Angst anschaut, kann er sich von ihr distanzieren. In vielen Männern steckt eine Urangst vor dem Weiblichen. Das führt dann dazu, dass der Mann die Frau entwertet und sie beherrschen will. Eine junge Frau erzählte, wie sehr sie als Mädchen darunter gelitten habe, dass der Vater ihre Mutter nicht ernst genommen und sie lächerlich gemacht hätte. Diese Entwertung der Frau hätte sie dann nicht nur von Seiten des Vaters, sondern auch durch ihre Brüder erfahren. Die Männer in der Familie stellten sich nicht ihren Gefühlen. Sie verbargen ihre Angst und Unsicherheit, indem sie die Frauen wie Sklavinnen betrachteten und sie in ihrer Würde entwerteten. Die junge Frau leidet heute noch unter dieser Entwertung. Immer wenn sie in ihrem Beruf mit Männern zu tun bekommt, die sie nicht ernst nehmen, taucht diese Verletzung durch den Vater in ihr auf und lähmt sie. Sie kann sich nicht gegen solche Männer wehren. Obwohl sie mit dem Verstand ihre Unsicherheit und Angst durchschaut, kann sie sich in der Realität nicht durchsetzen. Die frühere Wunde bricht auf und macht sie sprachlos.

Der zweite therapeutische Schritt Jesu besteht in seiner Aufforderung: „Glaube nur!" Jairus soll darauf vertrauen, dass seine Tochter durch alle Krisen hindurch ihren eigenen Weg findet. Er soll sich nicht ängstlich um das Kind sorgen und es so mit seiner Angst am Leben hindern. Je mehr er das Mädchen in seiner Angst an sich bindet, desto weniger kann es leben. Er soll einen Raum des Vertrauens schaffen, in dem das Kind aufblühen kann. Glauben heißt, dass er seine Tochter loslassen soll, dass er sie einem anderen, dass er sie letztlich Gott anvertraut. Er ist nicht für alles verantwortlich, was in seiner Tochter wächst. Gott wacht über seine Tochter. Er schickt ihr seine Engel. Das ist Grund genug, die Tochter dem Engel zu überlassen, anstatt sie in das Korsett zu stecken, das er sich für sie ausgedacht hat. Das griechische Wort „pisteuein" heißt aber nicht nur vertrauen und loslassen, sondern auch „feststehen, sich in Gott festmachen". Jesus lädt den Vater ein, seinen eigenen Stand zu gewinnen, in Gott zu sich selbst zu stehen. Wenn der Vater in sich ruht, dann wird er auch der Tochter vertrauen und ihr etwas zutrauen. Trauen hat mit Festigkeit zu tun. Der Vater, der der Tochter traut, verleiht ihr einen festen Stand, ein festes Fundament, auf dem sie stehen kann. So hat er es nicht mehr nötig, sie an sich zu binden oder sie zu kontrollieren. Wer in sich als Mann ruht, lässt auch die Frau ganz sie selbst sein. Er freut sich an der Andersartigkeit der Frau. Und er vertraut darauf, dass sie sich ihrem Wesen entsprechend entfaltet.

Der Schlaf der Verwandlung

Nachdem Jesus den Vater behandelt hat, wendet er sich dem Mädchen zu. Den Leuten, die den Tod des Mädchens laut beweinen, antwortet er: „Warum schreit und weint ihr? Das Kind ist nicht gestorben, es schläft nur" (Mk 5,39). Es ist nur in seiner alten Rolle als Kind gestorben. Es musste seine Identität als Kind ablegen. Es musste die Bindung an den Vater lösen. Und das geschieht nur durch den Tod, durch einen Identitätswechsel. Nach außen hin ist es ein Sterben, nach innen jedoch ein Schlaf der Verwandlung. Die Tochter befreit sich in diesem Schlaf der Verwandlung von der Umklammerung durch den Vater. Sie lässt den Vater los. Sie lässt los, woran sie sich bisher festgehalten und geklammert hat. Wenn der Vater seine Angst in die Tochter hineinprojiziert, dann entsteht eine so enge Bindung, dass sich die Tochter nur durch den Tod daraus befreien kann, durch einen psychischen Tod, indem sie ihrer alten Identität als „Töchterchen des Vaters" abstirbt.

Die Bindung zwischen Vater und Tochter ist häufig auch von erotischen Wünschen geprägt. Der Vater braucht die Tochter als Ersatzpartnerin. Weil er seiner Frau gegenüber die Liebhaberrolle nicht mehr spielen kann, versucht er sie bei der Tochter, indem er ihr jeden Wunsch erfüllt und ihr alle Liebe zufließen lässt. Oder er nimmt seine Tochter als geistige Gefährtin. Mit ihr bespricht er die Bücher, die er liest. Mit ihr geht er ins Konzert, weil seine Frau ja daran kein Interesse zeigt. Er behandelt sie wie eine Kameradin, wie eine gleichberechtigte Gesprächspartnerin. Sie leiht ihm willig ihr Ohr. Mit ihr kann er sein Gedankengut teilen. Sie kann er zu der Frau formen, von der er immer geträumt hat, die er in seiner Ehefrau erhofft, aber nicht gefunden hat (vgl. Richter 115f). Zugleich wacht der Vater eifersüchtig, dass ihm niemand seine Tochter streitig macht. So entsteht eine enge Bindung. Aus solcher Bindung kann sich die Tochter nur befreien, wenn sie ihre Rolle der Vater-Geliebten aufgibt und sich auf die eigenen Füße stellt. Manchmal geschieht dieses Absterben der alten Identität durch eine längere Trennung vom Vater. Aber es darf nicht nur eine äußere Trennung sein, sie muss auch in der Seele vollzogen werden. Sonst bestimmt der Vater innerlich immer noch die Tochter und lässt sie nicht zu sich selbst finden. Häufig werden solche Vater-Töchter dann unfähig zu einer gesunden Beziehung zum Mann. Sie finden keinen Partner, der an ihren Vater reichen kann. Überall haben sie etwas auszusetzen. So bleiben sie allein. Irgendwann fühlen sie sich dann missbraucht und um das Leben betrogen.

Die Tochter des Jairus ist zwölf Jahre alt. Das war damals in Israel das Alter, in dem die jungen Frauen heiratsfähig wurden. Offensichtlich kann die Tochter nicht erwachsen werden. Vielleicht ist es die Überfürsorge des Vaters, die sie am Erwachsenwerden hindert. Oder aber es sind die religiösen Ideale von Reinheit, die das Mädchen in die Angst vor ihrer eigenen Sexualität treiben. Vielleicht ist es auch der unbewusste Wunsch des Vaters, der die Tochter daran hindert, erwachsen zu werden. Denn der Vater möchte sie als Gefährtin nicht verlieren. Er hat Angst, dass sie sich einen anderen Mann aussucht. So bindet er sie unbewusst weiterhin an sich und macht sie unfähig, ihre eigene Identität zu entwickeln. Eugen Drewermann vergleicht in einer Auslegung dieser Geschichte die Situation des Mädchens mit der einer Magersüchtigen. In der Magersucht verweigert das Mädchen, zur Frau zu werden. Es verleugnet seine Sexualität. Und in der Magersucht steckt ein Todeswunsch. Dieser Todeswunsch richtet sich nicht nur gegen sich selbst, sondern letztlich auch gegen den Vater. Die Tochter agiert an sich aus, was sie eigentlich dem Vater sagen möchte: Er möge sterben, damit sie endlich leben könne. Aber sie traut sich nicht, diesen Wunsch in ihr Bewusstsein gelangen zu lassen. Das würde für sie unüberwindliche Schuldgefühle bedeuten. Aus Angst vor den Schuldgefühlen richtet sie die Aggression gegen sich selbst und bestraft sich für ihre eigenen Todeswünsche dem Vater gegenüber, indem sie sich langsam zu Tode hungert.

Für Drewermann zeigt es sich, „dass die Magersucht fast immer ein Protest gegen eine gewisse Form der Überverwöhnung und Überversorgung darstellt, gegen die man sich in offener Auseinandersetzung nicht ohne schwere Schuldgefühle wehren kann" (Drewermann, TuE II, 300). Magersucht wird für manche junge Frauen der einzige Weg, sich der Allmacht des Vaters zu entziehen. Weil sie unter seiner Macht gelitten haben, lassen sie nun den Vater an seiner Hilflosigkeit und Ohnmacht leiden. Unbewusst befriedigen sie sich an der Panik, in die der Vater gerät. Jairus ist in seiner Ohnmacht zu Jesus gerannt und hat sich ihm vor die Füße geworfen. Er hat sich selbst in seiner ganzen Verzweiflung und Hilflosigkeit gezeigt und erkannt, dass da nur ein anderer helfen könne.

„Steh auf!"

Offensichtlich bleibt der Tochter des Jairus nur der Weg, durch den Tod aus dem Bannkreis des Vaters auszubrechen. In Wirklichkeit ist sie nicht tot, sondern nur erstarrt. Doch die Vertrauten des Vaters erkennen das nicht. Für sie ist sie tot, weil sie nicht mehr so funktioniert, wie sie das gerne möchten, weil sie nicht mehr die Rolle der braven und angepassten Tochter spielt. Jesus geht auf sie zu, fasst sie an der Hand und sagt zu ihr: „Mädchen, ich sage dir, steh auf!" (Mk 5,41). Das griechische Wort für „fassen" (krateo) heißt auch „mächtig, stark sein". Jesus hält die Hand der Tochter und teilt ihr von seiner Kraft mit. Der Vater hatte sie in seiner Angst festgehalten und ihr alle Kraft genommen. Jesus gibt dem Mädchen die Hand und lässt seine Kraft in sie einströmen. Aber er traut ihr auch zu, dass sie sich auf die eigenen Füße stellt und die Verantwortung für ihr Leben übernimmt. Das Mädchen steht auf und geht umher. Es geht nun die eigenen Wege. Es befreit sich von den Fesseln, die der Vater ihm unbewusst angelegt hat, vom Über-Ich des Synagogenvorstehers, von der Macht der frommen Befehle, die sie in ihrem Unbewussten gespeichert hat. Sie traut sich, den eigenen Weg zu gehen, ohne den Vater zu fragen, ob es so gut sei, ob sie das dürfe oder nicht. Was hier mit einfachen Worten beschrieben wird, ist oft ein schmerzlicher Prozess. Auf dem Weg in die Freiheit tauchen immer wieder Wünsche nach der Liebe und Zuwendung des Vaters auf. Sie möchten die junge Frau zurückhalten, den eigenen Weg zu gehen. So ist sie versucht, sich wieder in die liebenden, aber auch klammernden Arme des Vaters zurückzusehnen. Die Heilung der Tochter geschieht nicht ohne ihr eigenes Zutun. Sie muss nun selber die Schritte tun, die sie zum Leben führen.

An der Hand Jesu feiert die Tochter Auferstehung. Markus benützt hier die beiden Worte, mit denen er auch die Auferstehung Jesu beschreibt: „egeire" bedeutet „steh auf" und „aneste" bedeutet „sie stand auf". Sie steht auf, weil Jesus ihr die Hand gibt und sie anspricht. In dem Wort Jesu erreicht sie Gottes heilende Kraft. In Jesus begegnet sie Gott, der sie in Berührung bringt mit der Kraft, die er ihr schon bei ihrer Geburt mitgegeben hat. In dieser Kraft kann sie nun selber aufstehen und zu sich stehen. Die Tochter wird nicht abhängig von Jesus als ihrem Therapeuten. Sie nimmt ihn nicht als Ersatzvater. Jesus weckt in ihr den Mut, zu sich selbst zu stehen. Auferstehung – so sagt uns diese Heilungsgeschichte – geschieht nicht nur nach unserem Tod, sondern mitten in unserem Leben. Immer wenn ein Mensch aufsteht, sich auf die eigenen Füße stellt und seinen Weg geht, dann ist er auferstanden, dann hat er teil am Geheimnis der Auferstehung Jesu.

Zwei Befehle gibt Jesus noch, um die Heilung zu vollenden. Da ist einmal der Befehl, dass sie niemandem von der Heilung erzählen sollten. Keiner darf davon erfahren. Die Tochter braucht einen Schutzraum des Schweigens, in dem sie zu sich selber kommen kann. Wenn die Nachricht von ihrer Heilung in die Öffentlichkeit gebracht würde, dann würde sie in eine Rolle kommen, die ihr nicht gut täte. Sie wäre etwas Besonderes. Sie würde wieder von allen bestaunt und könnte nicht die werden, die sie ist. Als Tochter des Synagogenvorstehers war es ja vermutlich auch ihr Problem, dass sie zu sehr im Blickpunkt des allgemeinen Interesses stand. Sie entwickelte sich unter den Augen der frommen Gemeinde, die in der Tochter immer auch den Vater sah. Sie muss nun nicht nur aus dem Bannkreis des Vaters, sondern auch der Gemeinde entlassen werden, damit sie ihren Weg gehen kann. Sie kann sich nicht mehr als Vorzeigeobjekt benutzen lassen. Das Wunder ihrer Heilung würde sich für den Vater gut eignen, in frommen Kreisen mit seiner Tochter anzugeben: Sie ist der Heilung gewürdigt worden. Das würde großen Eindruck machen. Doch die Tochter braucht ihren eigenen Bereich. Vielleicht muss sie ausziehen von zu Hause, damit sie – ohne von allen beobachtet zu werden – zu sich selbst finden kann.

Zuletzt befiehlt Jesus den Leuten, man solle dem Mädchen zu essen geben. Ihre Vitalität soll gestärkt werden. Sie soll das Essen genießen und in diesem Genießen in Berührung kommen mit ihrem Leib, mit ihrer Sexualität. Sie soll gerne in ihrem Leib wohnen und ihn lieb gewinnen. Es erscheint erstaunlich, dass Jesus sich um so scheinbar banale Dinge wie die Nahrung kümmert. Aber es ist ihm wichtig, dass die Tochter sich nun den Genüssen des Lebens zuwendet. Sie war jahrelang erstarrt, wollte vielleicht die frommen Ideale des Vaters erfüllen und hat an sich und an ihren Bedürfnissen vorbeigelebt. Oder sie war darauf fixiert, vom Vater anerkannt zu werden. Sie hat von seinen Gnaden gelebt. Jetzt soll sie selber leben und die eigene Lebendigkeit genießen. Sie braucht die Erlaubnis Jesu, ja sogar seinen Befehl, damit sie es wagt, ihre vitalen Bedürfnisse zu befriedigen. Nun kann sie für sich und ihren Leib sorgen. Sie hört auf, ständig zu fragen, ob sie sich ein gutes Essen wirklich gönnen dürfe. Es gibt fromme Menschen, die vor lauter Askese verlernt haben, das Leben zu genießen. Sie können auch Gott nicht genießen. Sie sind erstarrt in ihrer Lebensverneinung. Da braucht es den Befehl Jesu selbst, dass sie von ihren Schuldgefühlen befreit werden und sich mit gutem Gewissen dem Genießen zuwenden. Aber der Befehl, man solle dem Mädchen zu essen geben, bezieht sich nicht nur auf das Genießen. Die Tochter muss lernen, sich selbst zu nähren, für sich selbst Vater und Mutter zu sein. Sie soll für sich selber sorgen und sehen, dass ihr Leib und ihre Seele die Nahrung findet, die sie braucht, um ganz sie selbst zu werden. Indem sie ihren Leib nährt, wird sie ihn lieb gewinnen. Sie darf sich als Frau in ihrem Leib wohl fühlen und sich ihres Frauseins erfreuen.

Die blutflüssige Frau

Zwischen der Bitte des Vaters und der Heilung seiner Tochter hat Markus kunstvoll die Heilung der blutflüssigen Frau eingeschoben. Beide Heilungsgeschichten sind durch die Zahl Zwölf miteinander verbunden. Man könnte die Beziehung zwischen dem zwölfjährigen Mädchen und der seit zwölf Jahren an Blutfluss leidenden Frau mit Drewermann so verstehen, dass das Mädchen nicht wagt, zur Frau zu reifen, und dass die blutflüssige Frau ihr Frausein nicht annehmen kann (vgl. Drewermann, TE II, 279 ff). Man könnte in der blutflüssigen Frau aber auch ein Bild dafür sehen, wie sich das Mädchen, das an der Vaterwunde leidet, als erwachsene Frau verhält. Wie wirkt sich die Vaterwunde einer Tochter aus, wenn sie erwachsen geworden ist, wenn sie heiratet und Kinder hat? Wie zeigt sich diese Wunde in ihrem Beruf, in ihrem Umgang mit Männern, in ihrem Verhältnis zu ihrem Leib?

Eine Frau, die an der Vaterwunde leidet, sehnt sich danach, endlich vom Vater gesehen zu werden, endlich ein Wort der Bestätigung und der Liebe von ihm zu erhaschen. Um vom Vater Zuwendung zu erfahren, verausgabt sie sich völlig. Sie gibt alles her, was sie hat, ihre Lebenskraft und ihre Liebe. Blut steht für das Leben und für die Liebe. Das Leben der Frau wird immer schwächer, je mehr sie sich verausgabt. Sie ist wie die Gefall-

Tochter, die die Aufmerksamkeit des Vaters erreichen möchte. Aber je mehr sie gibt, desto weniger bekommt sie. Ein Sprichwort heißt: „Wer viel gibt, der braucht auch viel." Das gilt für viele Menschen, die in sozialen Berufen arbeiten. Sie verausgaben sich für andere, nicht aus selbstlosen Gründen, sondern weil sie selber Zuwendung und Liebe brauchen. Das gilt aber auch für viele Ehefrauen, die alles für ihren Mann tun, damit er sie beachte. Eine Frau, die an der Vaterwunde litt, erzählte, dass sie an der Seite ihres Mannes immer schwächer wurde. Er raubte ihr alle Energie. Sie dachte, ihr Mann würde sie nur dann wertschätzen, wenn sie alles für ihn tut, ihm jeden Wunsch von den Lippen abliest und sich für ihn aufopfert. Doch je mehr sie gab, desto schwächer wurde sie. Alles Blut floss ihr weg. Sie hatte keine Kraft mehr, fühlte sich leblos und leer.

Die Frau gibt aber nicht nur ihr Blut, sondern auch ihr Vermögen. Sie möchte sich die Liebe durch Geld und durch Geschenke erkaufen. „Vermögen" steht aber auch für ihre Fähigkeiten, für ihr Leistungsvermögen. Sie gibt ihr Vermögen den Ärzten, damit sie sich um sie kümmern. Sie hat also den Eindruck, dass sie nur dann beachtet wird, wenn sie etwas gibt, wenn sie etwas leistet. Es gibt viele Frauen, die sich ihre Zuwendung schon als Kind durch Leistung erkaufen mussten. Sie überfordern sich, indem sie alles für die Familie tun, für die Firma, für die Pfarrgemeinde. Doch sie bekommen nicht die Bestätigung, nach der sie sich sehnen. Je mehr sie sich verausgaben, desto schlechter geht es ihnen. Am Ende stehen sie völlig leer da. Sie fühlen sich um das Leben betrogen. Sie haben alles gegeben und nichts dafür erhalten.

Der erste Schritt der Heilung besteht darin, dass die Frau aufhört, ihr Blut und ihr Vermögen zu geben. Sie gibt nicht mehr, sie nimmt sich etwas. Sie nimmt sich einfach den Zipfel vom Gewand Jesu. Sie tut es noch heimlich. Denn so stark ist sie von ihrem Lebensmuster des Gebens geprägt, dass sie sich kaum traut, sich etwas zu nehmen. Aber indem sie sich die Liebe Jesu einfach nimmt, hört ihr Blutfluss auf.

Wenn wir aufhören uns zu verausgaben, wenn wir uns die Liebe nehmen, die uns angeboten wird, dann wird auch unser Weg in die immer größere Schwachheit und Leere gestoppt. Wir brauchen nur die Augen zu öffnen. Es wird uns von vielen Menschen Liebe und Zuwendung angeboten. Wir müssen sie nur ergreifen. Wir sollen von unseren Eltern die Liebe nehmen, die sie uns schenken. Jeder durfte sich etwas vom Zipfel des Gewandes bei seinem Vater oder bei seiner Mutter nehmen. Es gibt keine Eltern, die ihren Kindern gar nichts geben. Auch wenn das Geben unserer Eltern beschränkt war, haben wir alle schon genommen. Und nur weil wir genommen haben, können wir geben.

Manche Menschen haben das Lebensmuster des Gebens und Sich-Verausgabens auch auf ihre Beziehung zu Gott angewandt. Sie meinen, sie müssten sich Gottes Liebe erkaufen, indem sie alle religiösen Pflichten erfüllen oder sich möglichst für die Menschen aufopfern. Doch wir brauchen uns Gottes Liebe nicht durch Leistung zu erwerben. Gott bietet uns seine Liebe an. In den Menschen, in der Schönheit der Schöpfung, in den kleinen Dingen des Alltags könnten wir die Liebe Gottes erfahren, wenn wir sie uns einfach nehmen. Dann würde der Fluss des Sich-Verausgabens angehalten. Wir würden uns besser fühlen, wir würden den Augenblick genießen können, ohne uns zu fragen, was wir noch alles tun müssten oder wie wir uns die Schönheit dieser Begegnung verdient hätten. Es gibt fromme Männer und Frauen, die ein schlechtes Gewissen bekommen, wenn sie sich eine Stunde auf die Bank setzen und sich von der Sonne bescheinen lassen. Sie denken, sie müssten eigentlich noch einen Kranken besuchen oder einen Rosenkranz beten oder sonst etwas Geistliches tun – und vergessen oder versäumen dabei über diesem Pflichtdruck die gottgewollte Schönheit des Lebens.

Der zweite Schritt der Heilung besteht darin, dass die Frau sich nun traut, ihre ganze Wahrheit zu sagen. Sie kann zu sich selbst und zu ihrer Krankheit stehen. Es ist sicher nicht einfach für diese Frau, inmitten der vielen Männer, die durch ihren Blutfluss nach jüdischen Vorstellungen unrein wurden, von ihrer Krankheit und ihrer Heilung zu erzählen. Sie zittert daher vor Furcht. Aber offensichtlich gibt ihr die Ausstrahlung Jesu das Vertrauen und den Mut, nun auch öffentlich ihre Wahrheit zu bekennen. Am liebsten wäre es ihr gewesen, wenn die Heilung heimlich stattgefunden hätte. Dann hätte sie niemandem von ihrer Krankheit erzählen müssen. Dann hätte sie gesund nach Hause gehen können, ohne sich der Wahrheit ihres Lebens zu stellen. Doch dann wäre nur das Symptom kuriert worden, aber nicht ihre Seele. Wir können nicht erwarten, dass unsere Vaterwunden ausheilen, wenn wir uns nicht mit der ganzen Wahrheit unserer Verletzungen konfrontieren. Und es genügt nicht, wenn wir diese Wahrheit nur in der Stille unseres Herzens zugeben, wir sollen sie auch aussprechen. Allerdings brauchen wir dazu einen Schutzraum. Wir brauchen das Vertrauen zu einem Menschen, der uns ähnlich wie Jesus kraftvoll und liebevoll begegnet. In der Nähe solcher Menschen können wir die ganze Wahrheit aussprechen. Und dann erfahren wir, dass wir ganz und gar angenommen werden, dass es nichts in uns gibt, was nicht sein darf. Alles darf sein. Alles in uns ist gut.

Das Geheimnis der Heilung drückt Jesus in seiner Zusage an die blutflüssige Frau so aus: „Meine Tochter, dein Glaube hat dir geholfen. Geh in Frieden! Du sollst von deinem Leiden geheilt sein" (Mk 5,34). Vier Aspekte der Heilung werden hier sichtbar. Jesus spricht die Frau mit „Tochter" an. Er stellt eine besondere Beziehung zu ihr her, eine familiäre Beziehung. Jesus behandelt die Frau nicht als Patientin, sondern er lässt sich auf sie ein, weil er sie schätzt. Jesus wird für sie zu einem väterlichen Menschen, der sie beachtet und ihr von seiner Kraft mitteilt. Die Erfahrung eines

Ersatzvaters, der die Frau nicht benutzt, sondern ihr Anteil gibt an seiner gesunden Väterlichkeit, kann die Vaterwunde heilen. Zwischen Jesus und der Frau entsteht eine vertraute Beziehung. Beide schätzen einander. Beide lassen einander gelten. Beide begegnen einander in Freiheit.

Jesus bestätigt den Glauben der Frau. Nicht Jesus hat die Frau geheilt, sondern ihr eigener Glaube hat sie gerettet. Jesus spricht mit dem Glauben der Frau ihre eigene gesunde Ressource an, die sie in sich hat. Sie hat in sich eine gesunde Sehnsucht nach Heilung, einen gesunden Egoismus, der sich nicht aufgibt, eine gesunde Hartnäckigkeit, mit der sie für sich kämpft. Als drittes Wort spricht Jesus der Frau den Frieden zu. Das hebräische Wort „schalom" bedeutet nicht nur „Frieden", sondern auch „Fülle des Lebens, Einklang, Stimmigkeit". Schalom bezeichnet den Zustand der Welt oder eines Menschen so, wie er sein soll. Jesus sagt ihr mit diesem Wunsch zu: „Es ist gut, wie du bist. Es ist gut, dass es dich gibt. Gehe deinen Weg. Du hast genügend Kraft in dir. Lebe dein Leben, im Einklang mit deiner inneren Stimme." Die letzte Zusage bezieht sich auf die Gesundheit. Die Frau ist nun gesund, ganz – und sie ist frei von der Geißel der Krankheit. Die Vaterwunde bestimmt sie nicht mehr. Sie ist noch da als Narbe, aber die Frau leidet nicht mehr unter ihr. Sie kann sie anschauen, sich von ihr an die Vergangenheit erinnern lassen, aber in ihr auch die Berührung erkennen, die sie von Jesus erfahren hat. Die Wunde wird zum Kennzeichen ihrer inneren Verwandlung. Jetzt ist die Frau mit sich in Frieden. Sie hat nun die Liebe erfahren, nach der sie sich so gesehnt hat, für die sie sich völlig verausgabt hatte. Jetzt hat sie es nicht mehr nötig, sich zu verausgaben, sie ist bedingungslos geliebt. Jesus hat sie als Tochter angenommen. Er hat ihr die Zuwendung geschenkt, nach der sie sich gesehnt hat. Jetzt wird sie nicht mehr von ihrem Bedürfnis nach Zuwendung bestimmt, sondern kann ihr eigenes Leben leben.

Das Märchen vom „Rumpelstilzchen“

Wenn wir nach einem Märchen Ausschau halten, das die Vater-Tochter-Beziehung thematisiert, so fällt uns als Erstes „Rumpelstilzchen“ ein. „Es war einmal ein Müller, der war arm, aber er hatte eine schöne Tochter. Nun traf es sich, dass er mit dem König zu sprechen kam, und um sich ein Ansehen zu geben, sagte er zu ihm: ‚Ich habe eine Tochter, die kann Stroh zu Gold spinnen.‘“ So nimmt das Unglück seinen Lauf: Der König lässt die Tochter holen und befiehlt ihr, eine Kammer voll Stroh über Nacht zu Gold zu spinnen. Sonst müsse sie sterben. Als sie verzweifelt dasitzt und zu weinen anfängt, tritt ein kleines Männchen herein und fragt sie, was sie ihm gebe, wenn er für sie das Stroh zu Gold spinne. Sie schenkt ihm ihr Halsband. Und er spinnt ihr die ganze Kammer zu Gold. Doch der König wird beim Anblick des vielen Goldes gierig und befiehlt der Tochter, eine noch größere Kammer voll Stroh zu Gold zu spinnen. Jetzt schenkt sie dem Männchen ihren Ring. Beim dritten Mal hat die Tochter nichts mehr, das sie geben könnte. Da verlangt das Männchen: „Versprich mir, wenn du Königin wirst, dein erstes Kind.“ Sie tut es in der Hoffnung, dass das Männchen das vergessen werde. Nach der dritten Probe heiratet der König die Müllerstochter. Sie wird nun Königin und nach einem Jahr bringt sie ein schönes Kind zur Welt. Sie ist glücklich und denkt gar nicht mehr an das kleine Männchen. Doch plötzlich tritt es in ihre Kammer und verlangt das Kind. Als die Königin bitter weint, gibt er ihr drei Tage Bedenkzeit. Wenn sie bis dahin seinen Namen wisse, könne sie das Kind behalten. Die Königin schickt einen Boten aus, damit er alle erdenklichen Namen herausfinde. Doch alle Namen, die sie nennt, treffen auf das Männchen nicht zu. Am dritten Tag meldet ihr der Bote, er habe ein Männchen gesehen, das auf einem Bein hüpfte und dabei schrie:

„Heute back ich, morgen brau ich,
übermorgen hol ich der Königin ihr Kind;
ach, wie gut, dass niemand weiß,
dass ich Rumpelstilzchen heiß!"

Als das Männchen zum dritten Mal kommt, da fragt die Königin erst: „Heißest du Kunz?" „Nein." „Heißest du Heinz?" „Nein." „Heißt du etwa Rumpelstilzchen?" „Das hat dir der Teufel gesagt, das hat dir der Teufel gesagt", schrie das Männlein und stieß mit dem rechten Fuß vor Zorn so tief in die Erde, dass es bis an den Leib hineinfuhr, dann packte es in seiner Wut den linken Fuß mit beiden Händen und riss sich selbst mitten entzwei.

Man kann dieses Märchen auf verschiedene Weise auslegen. Wir möchten uns darauf beschränken, die Vaterwunde und ihre Heilung anzuschauen, die in dieser volkstümlichen Geschichte erzählt wird. Der Vater benützt seine Tochter für sich selbst. Er missbraucht sie für sein eigenes Prestige. Er möchte gut dastehen. Er möchte den sozialen Aufstieg. Der Vater sorgt nicht für die Tochter, sondern er gebraucht sie für seine eigenen Zwecke. Und dadurch bringt er sie in eine bedrohliche Lage. Er überfordert die Tochter. Er verlangt Unmögliches. Denn wer kann schon Stroh zu Gold spinnen? Doch der Tochter kommt das Rumpelstilzchen zu Hilfe. Es kommt aus einer anderen Welt. Es hat überirdische Fähigkeiten. Man könnte das Rumpelstilzchen als Aspekt des Vaters sehen, als innere Qualität des Vaters. Der Vater, der seine Tochter als geistige Gefährtin benutzt, verleiht ihr dadurch große Fähigkeiten. Doch die haben ihren Preis. Im Märchen kostet es den Preis des Halsbandes und des Ringes. Die Tochter muss ihren Schmuck hergeben, das, was sie ziert, was sie schön sein lässt. Der Ring ist aber auch ein Bild für das Runde und Ganze. Die Tochter verliert ihre Ganzheit, ihre Identität, wenn sie sich von den Wünschen des Vaters bestimmen lässt. Schließlich muss die Königin ihr Kind hergeben. Das Kind ist ein Bild für das Ursprüngliche und Authentische, das in der Tochter leben möchte. Die Tochter kann ihre Einzigartigkeit nicht leben, solange sie die geistige Gefährtin des Vaters ist. Sie muss einen schmerzlichen Prozess durchleiden. Sie möchte ihr Kind behalten, und sie kämpft um dieses Kind. Zunächst schickt sie ihren Diener aus. Der soll ihr viele Namen nennen. „Benennen ist eine typisch männliche Eigenschaft" (Wittmann 163). Man könnte sagen, der Diener verkörpere die positive Seite des Vaters, den die Tochter braucht, um ihr Kind behalten zu können, um ganz sie selbst zu werden. Der Diener gerät in einen Wald, in den Bereich des Unbewussten. Die väterliche Seite – oder in der Jung'schen Terminologie: der positive Aspekt des Animus – verbindet die Frau mit dem Unbewussten. Das Unbewusste ist für uns eine Lebensquelle, aus der wir schöpfen können. Der Vater ist hier nicht mehr destruktiv und überfordernd, er wird vielmehr zu einer stärkenden Kraft. Wenn die Tochter sich von dem überfordernden Vater gelöst hat, kann sie in Berührung kommen mit der positiven Wurzel, die der Vater ihr bereitstellt.

Das Märchen zeigt, wie der Weg der Selbstwerdung für die Königstochter gelingt. Sie muss das Kind ernst nehmen, das sie geboren hat. Sie muss für sich und das Bild kämpfen, das Gott sich von ihr gemacht hat. Das Kind steht auch für die erotische Seite. Vor lauter Leistung hat die Tochter diese Seite vernachlässigt. Doch nun kämpft sie dafür. Sie will sich nicht länger überfordern. Sie will ihr Kind mütterlich pflegen, damit es wachsen kann. Nicht mehr die Leistung ist gefragt, sondern ihr Sein, ihre Fruchtbarkeit, ihre Ganzheit. Nicht mehr das Gold ist wichtig, das glänzt, sondern das Kind in ihr, das nach Leben und Liebe schreit. Die Tochter darf sich nicht mehr nur mit den bewussten Seiten des Vaters identifizieren, die auf Erfolg und Leistung aus sind, sondern mit den unbewussten Seiten, die sie in die Tiefe führen und die ihr die Kraft verleihen, um für sich und ihren eigenen Weg kämpfen zu können. Auch wenn der Vater sie für ihre

Zwecke benutzt hat, so wollte er sie doch auch fördern. Und in seinem Bestreben, sie als geistige Gefährtin zu haben, war doch auch eine erotische Komponente. Mit diesen positiven Seiten des Vaters soll die Tochter in Berührung kommen. Dann erfährt es das Rumpelstilzchen als den Geist, der aus einer anderen Welt kommt und ihr bei der schwierigen Aufgabe der eigenen Selbstwerdung hilft. Erst wenn die Tochter sich innerlich dem Zugriff des Vaters entzogen hat, kann sie mit seinen positiven Seiten in Berührung kommen und die guten Wurzeln im Vater entdecken, die ihr heute Wachstum ermöglichen.

Eine Frau hatte sich nach ihrer Scheidung eine Woche ins Kloster zurückgezogen. Als sie gefragt wurde, in welchem Märchen sie sich wieder finden würde, nannte sie spontan „Rumpelstilzchen". Sie hatte den Eindruck, dass sie ihr Leben lang Kammern voller Stroh zu Gold spinnen musste. In diesem Märchen spiegelte sich also die Vergeblichkeit ihres Lebens wider. Die erste Kammer Stroh war für sie ihre Kindheit, in der sie ihren eigenen Willen hergeben musste, damit sie bei den Eltern beliebt war. Die zweite Kammer stand für ihre Pubertät, als sie auf Drängen der Eltern ihren Berufswunsch und damit ihre Kreativität hatte aufgeben müssen. Die dritte Kammer stand für ihre Ehe. Sie hatte versucht, das Stroh zu Gold zu spinnen. Aber es gelang ihr einfach nicht. Sie musste ihre Seele hergeben, damit sie es in der Beziehung aushielt. So ging es ihr immer schlechter. In der geistlichen Begleitung erkannte sie: „Ich will mein Kind behalten. Ich will meine Seele nicht verkaufen. Ich will selber leben, so leben, wie es meiner inneren Gestalt entspricht." Eine wichtige Frage war für sie, warum das Rumpelstilzchen sterben musste. Es hat ihr doch geholfen zu überleben. Aber es war ein zu hoher Preis. Der Vater, der den eigenen Willen, die Kreativität und die Seele für sich fordert, muss sterben. Und erst wenn sie von dieser fordernden und vereinnahmenden Vaterseite frei wird, kann sie ihr eigenes Leben leben. Dann kann sie Rumpelstilzchen auch als inneren Begleiter erleben, der ihr neue Fähigkeiten verleiht und sie in eine Welt einführt, in der Stroh zu Gold wird, in der sie den göttlichen Glanz ihres alltäglichen und durchschnittlichen Lebens entdeckt, ihre unantastbare und göttliche Würde.

Spiritueller Umgang mit Märchen und biblischen Texten

Es gibt verschiedene Wege, bei Kursen oder in der geistlichen Begleitung mit einem Märchen und mit einem biblischen Text umzugehen. Eine Möglichkeit wäre etwa, die eigene Lebensgeschichte anhand der Bilder, wie sie im Märchen vorkommen, anzuschauen. Welche Bilder sprechen mich spontan an? In welchen Bildern erkenne ich mich wieder? Ich kann die Bilder auf mich wirken lassen und sie in konkrete Übungen übersetzen. Wenn ich die Heilungsgeschichte anschaue, welches Bild spricht mich da an? Welches innere Bild taucht in mir auf? Wie könnte ich dieses Bild in mir Realität werden lassen? Hilft mir das Malen des Bildes? Oder möchte ich es lieber in Worte fassen? Ich kann z.B. meinem Vater einen Brief schreiben, in dem ich ihm alles sage, was mir am Herzen liegt und was ich mir von ihm wünsche. Und ich könnte von der Seite meines Vaters aus eine Antwort auf meinen eigenen Brief schreiben. Auf diese Weise lasse ich alle meine Gefühle zu, aber ich steigere mich nicht in sie hinein. Durch den Antwortbrief sehe ich meine Verletzungen von einer anderen Seite aus. Das relativiert meine Gefühle und kann in mir andere Gefühle hervorrufen. Statt Wut, Trauer und Schmerz können Verständnis für meinen Vater, Mitleid und Sehnsucht nach seiner Liebe aufsteigen.

In der biblischen Heilungsgeschichte geht es aber nicht nur darum, meine Situation in den Bildern anzuschauen, sondern mir konkret vorzustellen, dass ich Jesus begegne. Da kommt eine andere Person ins Spiel: Jesus, in dem mir Gott selbst aufleuchtet. Ich meditiere die Geschichte, indem ich mir ganz konkret vorstelle, Jesus selber zu begegnen: Wie sieht er aus? Welche Kleider hat er an? Welche Ausstrahlung geht von ihm aus? Wie schaut er mich an? Was sagt er zu mir? Was möchte ich ihm sagen? Wie heilt er die Tochter des Jairus, wie heilt er die blutflüssige Frau? Wie könnte er mich heilen? Wie würde es sich anfühlen, wenn Jesus mich berührt, mich anschaut, mich anspricht, mich aufrichtet?

Ich kann die Bibelstelle meditieren, indem ich mir das Geschehen im Geist vor Augen halte. Ich kann aber auch laut zu Jesus sprechen und ihm das sagen, was sich mir aufdrängt. Ich kann ihm meine Not, meine Verzweiflung, meine Aussichtslosigkeit, aber auch meine Sehnsucht und Hoffnung direkt sagen. Und ich kann ihn bitten, mich von den Verstrickungen zu befreien und meine Vaterwunde zu heilen. Eine andere Möglichkeit ist, sich die Geschichte zweimal langsam und laut vorzulesen und sich dann einen Leitsatz zu suchen, der einen spontan berührt hat. Dann kann ich mir dieses Wort immer wieder vorsagen und mit diesem Leitsatz durch den Tag gehen. Der Satz wird mich begleiten, wo immer ich auch bin. Und er wird sich in mein Unbewusstes einprägen. Er wird wie eine Leuchte werden, die mir das Chaos meiner Lebensgeschichte aufhellt und Licht in die Verwicklungen mit meinem Vater bringt.

Manche Menschen tun sich schwer, sich in die biblischen Heilungsgeschichten hineinzumeditieren und dem konkreten Jesus Christus zu begegnen. Jesus ist für sie zu weit weg. Oder sein Bild ist für sie durch die religiöse Unterweisung verzerrt worden, so dass sie sich nicht danach sehnen, mit ihm ins Gespräch zu kommen. Wichtig ist dann, dass die Meditierenden den eigenen Phantasien und Gefühlen trauen. Sie müssen sich Jesus nicht in einer ganz konkreten Weise vorstellen. Sie sollen die Bilder einfach hochsteigen lassen, die in ihnen auftauchen. Manchmal begegnen sie dann einer faszinierenden Jesusgestalt, die ganz Licht ist und voller Güte und Kraft. Manchmal bleibt Jesus auch im Dunkeln. Wir sollen uns auch dabei nicht unter Leistungsdruck stellen. Entscheidend ist bei der Meditation der biblischen Heilungsgeschichte, dass ich nicht alles selber tun muss. Ich muss nicht alle meine Wunden bearbeiten und abarbeiten. Ich schaue sie an. Aber ich halte sie dann Jesus hin. Ich spreche mit ihm darüber. Ich bitte ihn, dass er mir seinen Geist sendet, dass er mich berührt und mich heilt. Allerdings muss ich mich dabei hüten, Jesus wie einen Zauberer zu benützen, der mich möglichst schmerzfrei und schnell von meinen Wunden befreit. Ich kann Jesus nur hinhalten, was ich wirklich angeschaut und womit ich mich auch selber auseinander gesetzt habe.

Wer sich schwer tut, Jesus als konkreter Person zu begegnen und mit ihm zu sprechen, dem kann die Jungsche Idee von Christus als dem Archetyp des Selbst helfen. Jesus wird für ihn zum Bild für das eigene Selbst. Er kann die biblische Geschichte so meditieren, dass er in Jesus die Aspekte seines Selbst entdeckt, die ihm helfen, von seiner Vaterwunde frei zu werden. Jesus wird dann für ihn zum Bild für die eigenen Ressourcen, für das heile und authentische Selbst, das schon in ihm ist, das aber durch die Verletzungen seiner Lebensgeschichte verstellt worden ist. In der Meditation der biblischen Heilungsgeschichte kann ich in Berührung kommen mit meinem wahren Selbst, mit dem eigentlichen Kern meiner Seele. Jesus steht für das göttliche Kind, das in mir ist und sich entfalten möchte. Er steht für den göttlichen Kern in mir, der sich durch alle Verwicklungen meines Lebens hindurch entfaltet. Jesus ist in mir und schenkt mir die Gewissheit, dass mein Weg zum wahren Selbst gelingen wird. Dort, wo Jesus in mir ist, bin ich schon heil und ganz, bin ich schon in Berührung mit dem Heilen und Heiligen in mir. Dort bin ich frei von der Vaterwunde. Dort hat sie keinen Zutritt. Dort kann sie mich nicht mehr bestimmen. Durch Jesus komme ich in Berührung mit meiner unverletzlichen Würde, mit den göttlichen Quellen heilender Kraft in meiner Seele.

Ein Weg, mit dem inneren Selbst in Berührung zu kommen, ist die Technik des inneren Dialogs, wie sie der Begründer der Psychosynthese, Roberto Assagioli, beschreibt. Assagioli weist den Klienten, der in einer schwierigen Situation ist, auf Folgendes hin: „Wenn es einen weisen Mann gäbe, einen Lehrer, der die spirituelle und psychologische Kompetenz hätte, das Problem mit ihm zu besprechen und ihm die richtige Antwort zu geben, dann würde er sicher beträchtliche Mühe auf sich nehmen, ein Gespräch mit diesem Lehrer zu erlangen und seinen weisen Rat zu erhalten" (Assagioli 230). Und dann erklärt er ihm, „dass es einen weisen Lehrer in ihm selbst gibt – sein spirituelles Selbst, das sein Problem, seine Krise, seine Verwirrung schon kennt". Er lädt ihn ein, „eine innere Reise durchzuführen, genauer gesagt, einen Aufstieg zu den verschiedenen Ebenen der bewussten und überbewussten Psyche zu machen, um sich diesem inneren Lehrer zu nähern, das Problem zu äußern und zum vorgestellten Lehrer zu sprechen, als sei er eine lebendige Person, und wie in einer alltäglichen Unterhaltung auf seine Antwort zu warten" (ebd. 230).

Nicht jedem wird es gelingen, sich auf diese innere Phantasiereise zu machen und zu warten, bis der innere Meister, den Assagioli auch den „Inneren Christus" nennt, auf unsere Frage antwortet. Eine Hilfe, mit diesem „Inneren Christus" ins Gespräch zu kommen, kann sein, dass wir uns entspannt hinsetzen und uns dann vorstellen, wie wir ganz langsam auf einen hohen Berg gehen. Wir riechen den Duft des Grases und der Bäume. Wir stellen uns vor, wie wir langsam auf ein Hochplateau gelangen. Dort kommt uns eine weiße Gestalt entgegen. Sie schaut uns gütig und wohlwollend an und bleibt vor uns stehen. Wir haben nun drei Fragen frei, die wir dieser Gestalt stellen dürfen. Welche Fragen möchte ich stellen? Und was formt sich in mir als Antwort? Es kann sein, dass sich mir spontan eine Antwort aufdrängt. Es kann aber auch sein, dass ich nichts höre. Dann muss ich es aushalten, dass die Zeit noch nicht reif ist für eine Antwort. Es bedarf vielleicht noch eines langen Wartens, bis in mir eine Lösung heranreift.

Eine kreative Möglichkeit, mit den Texten umzugehen, kann es zudem sein, auf dem Hintergrund der biblischen Heilungsgeschichte die Geschichte der eigenen Heilung zu beschreiben. Durch das Schreiben werden uns Einsichten ermöglicht, die wir durch bloßes Nachdenken nicht erreichen können. Wenn wir unsere eigene Geschichte erzählen, suchen wir weniger nach den Ursachen unserer Probleme als vielmehr nach Lösungswegen. Wir bleiben nicht in unseren Verletzungen stecken, sondern sehen, wie unser Weg weitergehen könnte. Im Erzählen bekommen wir Hoffnung für unseren Weg. Wir spüren, dass sich unsere Wunde im Schreiben schon verwandelt. Als freie Nacherzählung einer biblischen Heilungsgeschichte ist folgender Text entstanden:

Mädchen, ich sage dir, steh auf! – Die Geschichte der kleinen Esther

In der Nacht, als die zwölfjährige Esther sich entschloss, lieber zu sterben, als weiterhin in dieser Welt der Erwachsenen zu leben, hatte sie folgenden Traum: Sie lebte hoch oben in einem Turm. Von dort aus konnte sie alles sehen … das Meer, dessen Wogen sie ängstigten, die vielen Schiffe, die das Meer befuhren, und das Land, welches in der Ferne lag. Esther erlebte in ihrem Turm einen Tag wie den anderen … aufstehen, arbeiten, essen, schlafen. Eines Tages fragte sie sich: So viele Tage lebe ich nun schon in diesem Turm, aber ist das wirklich *Leben?* Bin ich in diesem Turm nicht eher lebendig begraben? Warum bin ich so müde – fühle mich mehr tot als leben-dig – ohne Beziehung? Es kam so weit, dass sie sich fragte, warum sie eigentlich noch lebte.

Während sie grübelte, kam plötzlich eine Taube an ihr Fenster geflogen: „Esther, warum gehst du nicht in das Land, das du seit Jahren aus der Ferne siehst?"

„Ich habe Angst, Taube, dort gibt es Riesen. Riesen, die mich vernichten könnten, wenn sie mich in meinem Kleinsein nicht beachten.

Und wie soll ich außerdem über das Wasser kommen? Es hat viele Untiefen, es macht mir Angst."

„Esther, wenn deine Sehnsucht nach diesem Land und das Vertrauen in deine Kraft, die in deinem Herzen lebendig ist, groß genug sind, dann werden die Wogen sich legen, die du so mächtig erlebst, und der Wind wird dir die Richtung weisen, wenn du dich ihm anvertraust."

„Es gibt keine Kraft in mir, Taube. Woher soll ich sie nehmen? Und überhaupt, was soll ich dort in dem Land?"

„Wenn du dich aufmachst, Esther, dieses Land zu durchqueren, wirst du eines Tages auf eine Höhle stoßen, in der ein Schatz verborgen ist. Wenn du ihn findest, wird er dich lehren, lebendig zu sein. Ja, er wird dich lehren, was es heißt, in Freiheit zu leben. Ist das nicht deine tiefste Sehnsucht, dein innigster Wunsch, Esther?"

„Ja, das stimmt", antwortete diese nachdenklich, „begleitest du mich?"

„Nein, Esther, wenn du den Schatz finden willst, musst du dich allein auf den Weg machen. Ich weiß, du hast Angst davor. Aber nur so wirst du lernen, deiner eigenen Kraft zu vertrauen. Doch ich gebe dir zwei Hilfen, die dich begleiten werden. Zunächst ist es die Stimme in deinem eigenen Herzen, Esther. Lerne, auf sie zu hören, und handle danach. Sie ist leise, diese Stimme, sie drängt sich nicht auf. Aber sie wird dir den richtigen Weg weisen. Und ich gebe dir ein Samenkorn des Vertrauens mit auf den Weg. Sobald du es anwendest, erneuert es sich. Wirf es in alle Hindernisse hinein, die sich dir in den Weg stellen, dann wirst du die Mauern deiner Angst überwinden. Nur indem du mit dem Samenkorn des Vertrauens die Wege beschreitest, wirst du bis zur Höhle vordringen können. Und eines Tages wirst du erfahren, dass das Samenkorn des Vertrauens auch in deinem Herzen Wurzeln geschlagen hat."

Da machte Esther sich auf den Weg. In ihrer Sehnsucht schritt sie über die Wogen des Meeres und erreichte das Land der Riesen. Ängstlich ging sie Schritt für Schritt in die Richtung, die ihr das Herz leise eingab.

Plötzlich versperrte ihr ein Riese den Weg.

„Wohin gehst du? Wen suchst du?", fragte er mit brummiger Stimme.

Zitternd vor Angst antwortete Esther:

„Ich bin auf der Suche nach einem Schatz, der mich lehren wird zu leben."

„So, so", räusperte sich der Riese grinsend. „Das glaubst du doch wohl selber nicht. Ich habe noch nie von einem Schatz in unserem Land gehört. Das ist doch ein Märchen. Aber wenn du meinst. Ich lasse dich auf deinem Weg weitergehen, wenn du mir das Schlüsselwort deines Lebens sagst. Ist es richtig, darfst du weiterziehen. Ist es falsch, so musst du in deinen Turm zurückkehren."

Esther überlegte verzweifelt. Was sollte sie nur antworten? So eine Frage hatte ihr noch nie jemand gestellt. Da fiel ihr der Rat der Taube wieder ein: „Achte auf deine innere Stimme!"

Esther lauschte in sich hinein. Wie schwierig war es doch zu hören, was das Herz flüsterte. Was sagte ihre innere Stimme? Was war das Passwort zu allem, was in ihrem Leben geschah? Worin fühlte sie sich wirklich stark und frei? Da brach es wie ein Blitz aus ihr hervor – das Schlüsselwort ihres Lebens.

Das Gesicht des Riesen leuchtete auf, und ohne ein weiteres Wort gab er ihr den Weg frei.

Noch viele Male begegnete Esther Riesen auf ihrem Weg. Sie hausten in Gräbern, auf Mauern und Bergen. Jedes Mal von neuem packte Esther die Angst. Das Bedürfnis in ihren schützenden Turm zu flüchten, überwand sie nur, indem sie lernte, auf ihre innere Stimme zu lauschen. So nahm Esther Tag für Tag ihren Mut zusammen und warf das Samenkorn des Vertrauens in jede Riesen-Behausung hinein. Nach ungezählten Tagen der Wanderung erreichte sie schließlich die Höhle. Voll Freude eilte sie hinein. Nun war sie endlich am Ziel ihrer Reise. Jetzt galt es, schnell den Schatz zu heben. Doch wie staunte Esther, als sie die Höhle betrat. Sie war fast leer. Nur eine Quelle plätscherte durch ein Steinbett. Nichts deutete an, wo der Schatz verborgen sein könnte. Allmählich wurde Esther klar, dass sie wohl noch einige Zeit brauchen würde, um diesen Schatz zu finden. So nah war sie ihrem Ziel also doch noch nicht.

Zaghaft begann sie sich in der Höhle einzurichten. Tag für Tag befühlte und beklopfte sie die Wände, prüfte den Boden, spähte in jede Ritze und Felsspalte. Auf diese Weise verbrachte sie Stunde um Stunde, Tag für Tag. Und mit der Zeit spürte Esther, dass ihr Inneres durch dieses Leben in der Höhle, durch die tägliche Suche, durch ihre Hoffnung und wachsende Sehnsucht geformt wurde. Die Verborgenheit dieser Höhle, ihre karge Nacktheit, das Schweigen und die Einsamkeit senkten sich in ihr eigenes Herz. Esther lernte, mit sich Geduld zu haben und doch mit Kraft ans Werk zu gehen. Sie lernte, wenn auch unter Schmerzen, die Kälte der Wände, die Leere und das Alleinsein zu ertragen und anzunehmen. In dieser Zeit erlebte sie, dass ihre innere Stimme immer deutlicher wurde und die Kraft ihres Herzens wuchs. Sie gab nicht auf, nach dem Schatz zu suchen, auch wenn sie am Ende eines Tages nichts anderes vorzuweisen hatte als ihre größer gewordene Sehnsucht.

Eines Tages jedoch geschah es, dass sie einen Stein fand. Er lag verborgen in der Quelle. Vorsichtig hob sie ihn an, und staunend erkannte sie in dem schwarzen Stein dünne Goldfäden. Esther hielt vor Überraschung den Atem an. War sie am Ziel ihres

Suchens? Sie schleppte den Stein ans Ufer, um ihn zu untersuchen, und genau dort, wo die Goldfäden zusammenliefen, entdeckte sie eine Inschrift, die sie mit großer Mühe entzifferte. Winzig klein, fast unleserlich waren die Buchstaben gesetzt:

„Ich lebe – und ich liebe dich, so wie du bist!"

Esther schluckte ... was sollte das bedeuten ... war das alles? Sollte das ein Schatz sein, der ihr zum Leben verhalf ... zu einem Leben in Freiheit? Sie konnte und wollte es nicht glauben. Wer war es, der diese Worte auf den Stein geschrieben hatte? „Ich lebe – und ich liebe dich, so wie du bist." Wer wusste schon, wer und wie sie wirklich war? Wer hatte sie in ihrem Leben je wirklich erkannt und geliebt?

Esther begann zu weinen. Wie sollte es jetzt weitergehen? Was konnte sie tun?

Zurückgehen in ihren Turm? Nein, das konnte nicht mehr ihr Ziel sein.

Plötzlich zupfte sie jemand am Ärmel.

„Warum weinst du?"

Esther wandte sich um.

Da sah sie die Taube, die so lange Zeit ihren Blicken entschwunden war.

„Taube, nun bin ich den ganzen Weg gewandert, habe alle Gefahren überwunden, habe die Sehnsucht in mir gehütet und die Kraft zum Leben geweckt, die bisher ungenutzt in mir lag – all das habe ich getan, um den Schatz zu finden. Viele Jahre habe ich ausgeharrt, gesucht, gehofft. Und finde letztlich nur diesen Stein mit der Inschrift: ‚Ich lebe – und liebe dich, so wie du bist.' Was bedeutet das? Was hat das alles für einen Sinn? Ich weiß nicht, wie mein Leben nun weitergehen soll."

Zärtlich blickte die Taube Esther an:

„Esther, verlass diese Höhle, die dir zum Schatz geworden ist, auch wenn du es noch nicht spürst. Verlass sie und stelle dich an den Eingang dieser Höhle. Dort höre auf deine innere Stimme!"

Verzweifelt tat Esther, wie es die Taube gebot. Ihr Herz war voll

Trauer und Enttäuschung. Sie setzte sich an den Eingang der Höhle und schlief erschöpft ein.

Da hörte sie erneut eine Stimme … zärtlich und bestimmend: *„Mädchen, ich sage dir, steh auf!"*

Was war das für eine Stimme? Sie wagte nicht, die Augen zu öffnen.

Nein, lieber nicht erwachen – nicht aufstehen. Warum? Wozu? Für wen?

Esther fürchtete sich. Sie hatte Angst vor der Leere des Alltags, vor der Leere in ihrem eigenen Innern. Sie fürchtete die Eintönigkeit des Lebens, sie wollte der Langeweile durch einen tiefen Schlaf entfliehen. Sie fürchtete die Unruhe des eigenen Ichs, die ungestillte Sehnsucht nach Begegnung und Geborgenheit. Sie fürchtete ihre Unfähigkeit, dem Leben zu begegnen, ihrer Ohnmacht und Schwachheit. Sie wollte den Fesseln des Ichs entgehen, sie übersteigen durch die Flucht in den Tod. Für wen lohnte es sich zu leben? Wer wartete schon auf sie? Welche Liebe konnte ihre Sehnsucht nach Leben erwecken? Nein, sie kannte keinen, der solche Macht der Liebe besaß, die sie lehren würde, das Leben zu begehren, zu lieben und auszukosten.

Esther erstarrte. Wie die Raupe wob sie sich den Kokon des Todes, indem sie sich weigerte, der Stimme zu gehorchen, die nun ein zweites Mal zu ihr sprach:

„Mädchen, ich sage dir, steh auf!"

Nein, Esther stand nicht auf. In ihrem Herzen tobte es:

„Lasst mich in Ruhe! Lasst mich sterben, – vielleicht liegt darin mein Leben!

Rührt mich nicht an … ich bin es nicht wert! Mein Leben lang habe ich mich überflüssig gefühlt. Geht fort, – mein innerer Tod ist schon zu groß, als dass mich noch jemand erreichen könnte."

Doch war das wirklich ihre innere Stimme – ihre Wahrheit?

Es musste jemanden geben, der in dieser Klage zugleich einen stummen Hilferuf vernahm – und der an eine Wahrheit glaubte, die in Esther das Leben ersehnte. Denn auf einmal schob sich eine Hand in die ihre – sanft, zärtlich –, nicht fordernd, nicht besitzergreifend, aber so liebevoll, dass Esther unweigerlich die Augen aufschlagen musste. Und zum dritten Mal erklang die Stimme:

„Mädchen, ich sage dir steh auf!"

Und in diesem dritten Anruf kam Esther eine Kraft entgegen, die sie ins Innerste ihres Wesens führte. Dorthin, wo sie fühlte, dass sie in Zukunft leben konnte in der Kraft ihres Herzens; dorthin, wo sie – Esther zur Frau geweckt – liebesfähig und stark sich erkannte. Diese Stimme und diese Hand sagten ihr: Ich liebe dich, so wie du bist. Und ich möchte, dass du immer lebendiger wirst. Geh deinen Weg weiter, im Hören auf deine innere Stimme, so wie du es im Traum gewagt hast, trau dem Wort, das ich in dich hineinlegte und das wie ein Passwort ist zu allem, was in deinem Leben geschieht. Es wird nicht leichter werden, Esther, auf deinem neuen Weg, aber dein Leben wird tiefer, lebendiger und wesentlicher.

Da stellte Esther sich auf ihre Füße und eine kleine Bewegung in ihrem Herzen sagte ihr, dass das Samenkorn des Vertrauens begann, Wurzeln zu schlagen.

5. Die Beziehung zwischen Mutter und Tochter. „Der Dämon hat deine Tochter verlassen" (Mk 7,24–30)

„Jesus brach auf und zog von dort in das Gebiet von Tyrus. Er ging in ein Haus, wollte aber, dass niemand davon erfuhr; doch es konnte nicht verborgen bleiben. Eine Frau, deren Tochter von einem unreinen Geist besessen war, hörte von ihm; sie kam sogleich herbei und fiel ihm zu Füßen. Die Frau, von Geburt Syrophönizierin, war eine Heidin. Sie bat ihn, aus ihrer Tochter den Dämon auszutreiben. Da sagte er zu ihr: Lasst zuerst die Kinder satt werden; denn es ist nicht recht, das Brot den Kindern wegzunehmen und den Hunden vorzuwerfen. Sie erwiderte ihm: Ja, du hast Recht, Herr! Aber auch für die Hunde unter dem Tisch fällt etwas von dem Brot ab, das die Kinder essen. Er antwortete ihr: Weil du das gesagt hast, sage ich dir: Geh nach Hause, der Dämon hat deine Tochter verlassen. Und als sie nach Hause kam, fand sie das Kind auf dem Bett liegen und sah, dass der Dämon es verlassen hatte."

Die zweite Beziehungsgeschichte, von der uns Markus berichtet, erzählt vom Konflikt zwischen Mutter und Tochter. Jesus hat sich mit seinen Jüngern in den Norden zurückgezogen. Er will ungestört sein, um die Jünger zu unterweisen. Doch sein Aufenthalt bleibt nicht verborgen. Eine griechische Frau hört von ihm und wirft sich ihm zu Füßen (Mk 7,24–30). Deren Tochter hat einen unreinen Geist. Im Griechischen steht hier das Wort „pneuma". Es ist dasselbe Wort, das auch vom Heiligen Geist gebraucht wird. Aber hier wird der Geist als unrein beschrieben. Darin bestand die Krankheit der Tochter, dass sie einen unreinen Geist hatte. Wenn wir uns in dieses Bild hineinmeditieren, dann könnte es bedeuten, dass der Geist der Mutter mit dem Geist der Tochter vermischt war. Die Tochter konnte ihren eigenen Geist nicht erkennen und abgrenzen vom Geist der Mutter. Das Denken und Fühlen der Mutter war so in die Tochter hineingeflossen, dass sie nicht mehr sie selber war, dass sie nicht mehr klar denken und fühlen konnte. Die Person der Tochter war vermischt mit der Person der Mutter. Sie hatte keine eigene klar definierte Identität und konnte nicht mehr unterscheiden, welche Anteile zu ihr gehörten und welche von der Mutter stammten, was für sie stimmte und was nicht, was an ihr authentisch war und wo sie nur eine Kopie der Mutter war.

Im Griechischen steht „Töchterlein“. Vielleicht hat die Mutter ihre Tochter noch als kleines Kind behandelt und sie nicht ernst genommen. Oder sie hat sie für sich und die Erfüllung ihrer Bedürfnisse benutzt. Vielleicht war sie selbst emotional bedürftig und hatte gehofft, dass ihre Tochter ihr all die Liebe schenken möge, die sie selbst nie erfahren hat. Wenn die Mutter solche Erwartungen in ihre Tochter setzt, dann wird die Tochter von einem unreinen Geist besetzt, dann trübt dieser Geist ihr Denken und Fühlen. Sie verliert die Orientierung. Das Kind kann das eigene Bedürfnis nicht leben, sondern muss ständig die Bedürfnisse der Mutter erfüllen. Nicht die Mutter sorgt für die Tochter, sondern die Tochter für die Mutter. Die Psychologie spricht hier von Beelterung. Die Kinder dürfen nicht Kinder sein, sondern müssen schon als Kinder in die Rolle der Eltern schlüpfen. Das tut ihnen nicht gut. Als Erwachsene fühlen sie sich dann um die eigene Kindheit betrogen.

Der biblische Text selber sagt nichts darüber, warum die Tochter einen unreinen Geist hat, was genau die Beziehungsproblematik zwischen Mutter und Tochter war. Aber gerade dieser weiße Fleck der Geschichte ermöglicht es jeder Frau, die diese Geschichte meditiert, ihre eigene Lebensgeschichte mit hineinzubringen. Der biblische Text ist offen für alle Erfahrungen, die Mütter mir ihren Töchtern und Töchter mit ihren Müttern täglich machen. Da ist z. B. eine Frau, die ihre Mutter als Kind sehr geliebt hat und die, als sie zwölf Jahre alt war, merkte, dass die Mutter trank. Der Vater war aus dem Krieg verändert zurückgekehrt. Damals war für die Mutter eine Welt zusammengebrochen und sie versuchte, dem Schmerz über die Nicht-Beziehung zu ihrem Mann durch Trinken auszuweichen. Die Tochter war tief enttäuscht, denn sie hätte die Mutter gebraucht, um ihre Identität als Frau aufzubauen, um sich als Frau anzunehmen und sich mit der aufbrechenden Sexualität zu versöhnen. Da die Mutter zu dieser Hilfe nicht in der Lage war, zog die Tochter sich in sich selbst zurück. Ein Leben lang tat sie sich schwer, ihr Frausein anzunehmen. Wenn sie Kritik erfuhr, konnte sie sich nicht wehren, sie zog sich zurück und verstummte. Wie ihre eigene Mutter den Konflikt mit ihrem Mann im Alkohol ertränkt hatte, so wich die Frau jedem Konflikt aus, indem sie ihren Schmerz mit Schweigen übergoss. Die Frau fand sich in dieser Geschichte der Bibel wieder. Und sie entdeckte darin einen Weg, wie sie von dem unreinen Geist ihrer Kindheit frei werden konnte. Sie musste erst lernen: Was sind meine ureigensten Gefühle? Was möchte ich selbst?

Der unreine Geist kann sich ausdrücken als Symbiose, in der die Tochter mit ihrer Mutter lebt. Die Tochter klammert sich an die Mutter, aus Angst, sie sonst zu verlieren, oder aus Angst, sich ohne Mutter dem Leben stellen zu müssen. Wenn die Tochter in Symbiose mit der Mutter lebt, dann wehrt sie sich gegen Frauen, die ein anderes Bild der Frau verkörpern, und entwertet sie. Die Psychoanalytikerin Thea Bauriedel nennt diese symbiotische Beziehung eine „grenzenlose Beziehung" (Bauriedel 16ff). Wenn die Beziehung zwischen Mutter und Tochter keine klaren Grenzen kennt, dann weiß die Tochter nicht, wo sie selber steht. Sie ist nicht in Berührung mit ihren eigenen Gefühlen. Sie übernimmt die Gefühle der Mutter. Durch eine solche Unterdrückung der eigenen Gefühle und Wünsche entsteht oft eine fatale Doppelbindung. Das Kind denkt dann: „Ich liebe dich, aber das macht dir Angst; also macht es auch mir Angst, und so unterdrücke ich dieses Gefühl bei mir" (Bauriedel 37). Dieses Muster, das die Tochter in der grenzenlosen Beziehung zu ihrer Mutter erfahren hat, wendet sie nun auf jede Beziehung an. Sie möchte geliebt werden – und wehrt sich zugleich gegen die Liebe, die ihr entgegengebracht wird. So wird sie unfähig zur Liebe. Der unreine Geist, der durch solch grenzenlose Beziehungen entsteht, wird in der von Markus erzählten Geschichte auch Dämon genannt. Dämon ist in der Bibel immer ein Bild für Gedanken und Gefühle, die mich besetzen, sich quasi auf mich legen und die mich gefangen nehmen, von denen ich mich nicht distanzieren kann. Dämonen hindern mich daran, ich selber zu sein. Sie trüben mein Denken. Sie nehmen mir meine Freiheit, sie haben mich so im Griff, dass ich mich nicht dagegen wehren kann. Der Dämon reißt die Tochter hin und her zwischen ihrer Sehnsucht nach Liebe und der Angst vor Nähe, zwischen der Angst vor Vereinnahmung und der Angst vor dem Ausgestoßenwerden. So wird die Botschaft, die von dieser Tochter ein Leben lang ausgehen wird, lauten: „Rühr mich nicht an und verlass mich nie!" Diese Botschaft wird sie am Leben und an der Liebe hindern. Sie ist wie ein Dämon, der sich auf sie legt, ihr die Luft nimmt und sie von ihren wahren Gefühlen und Sehnsüchten abschneidet.

In der Geschichte, die Markus erzählt, wird der Vater nicht erwähnt. Das kann für uns, wenn wir sie heute mit den Augen unserer Erfahrung lesen, vielleicht etwas anzeigen, was zu unserer alltäglichen Erfahrung gehört. Es kann ein Bild für die vielen Väter sein, die in der Erziehung abwesend sind und die Tochter der Mutter überlassen. Es gibt heute viele allein erziehende Mütter. Der Vater ist normalerweise für das Abgrenzen zuständig. Wenn die Mutter nun alleine erziehen muss, kann sie leicht in eine grenzenlose Beziehung zur Tochter hineingeraten. Die Tochter tut sich dann schwerer, ihrer eigene Identität aufzubauen. Sie braucht die Erfahrung väterlicher Menschen, um sich von der Mutter abgrenzen zu können. Wenn sie zu sehr auf die Mutter fixiert ist, geschieht eine Vermischung ihres Geistes mit dem Geist der Mutter. Das ist dann ein Dämon, der sie infiziert und ihr Denken und Fühlen trübt.

Die Mutter in unserer biblischen Erzählung spürt, dass sie ihrer Tochter nicht zu helfen vermag. Sie ist nicht die Therapeutin ihrer Tochter, sondern vielmehr ihr Problem. Sie spürt ihre Hilflosigkeit. Die Geschichte erzählt nicht nur die Not der Tochter, sondern spiegelt auch die Situation vieler Mütter wider. Die Beispiele aus unserer Umgebung sind zahlreich: Da ist etwa die Tochter depressiv, sie kann sich nicht aufraffen, zur Schule oder zur Arbeit zu gehen. Alle Versuche, sie endlich dazu zu drängen, ihr Leben in die Hand zu nehmen, schlagen fehl. Vielleicht war die Tochter bisher nicht auffällig. Aber jetzt, da sie in die Pubertät kommt, macht sie der Mutter das Leben zur Hölle. Da denkt manche Mutter, welcher Dämon wohl in die Tochter gefahren ist. Sie sucht sich Rat bei professionellen Helfern. Sie ist am Ende mit ihrer Weisheit. Sie spürt, dass die Tochter Wege einschlägt, die ihr nicht gut tun. Aber alle Versuche, der Tochter das klarzumachen, schlagen fehl. Die Mutter hat das Gefühl, dass sie ihre Tochter nicht mehr erreicht, dass sie von einem Dämon besetzt ist, gegen den sie vergeblich ankämpft.

Der unreine Geist kann auch ein Bild sein für all das, was die Tochter bei sich selbst nicht annehmen kann, was ihr unrein erscheint: Die Tochter kann ihren Körper nicht annehmen. Sie kommt sich hässlich vor. Sie meint, alle anderen würden ihr nachschauen und sie auslachen. Sie glaubt, dass sie in der Schule ungerecht behandelt wird. Sie wird von depressiven Stimmungen heimgesucht. Sie hat Angst, in die Schule zu gehen, weil sie dort fertig gemacht wird. Sie bildet sich ein, dass alle gegen sie seien. Sie glaubt, dass die Mutter sie nicht wirklich liebt. Alle Versuche, der Tochter klarzumachen, dass sie von ihren Eltern bedingungslos geliebt wird, dass sie viele Fähigkeiten hat, dass sie die Schule schon schaffen wird, nützen nichts. Die Mutter kommt nicht gegen den Dämon an. Im Gegenteil, je mehr sie auf die Tochter einredet, desto stärker scheint der Dämon sie zu beherrschen.

Die Therapie für die Mutter

Die Mutter in unserer Geschichte hat von Jesus gehört. So kommt sie zu ihm. Der erste Schritt der Heilung ihrer Tochter besteht darin, dass die Mutter von der Tochter weggeht. Sie bringt ihre Tochter nicht zu Jesus (wie es in der nächsten Geschichte der Vater mit seinem Sohn tun wird). Und sie holt Jesus nicht in ihr Haus, wie es Jairus getan hat. Sie geht von zu Hause weg. Sie braucht die Distanz zu ihrer Tochter, um Hilfe für sie zu finden. Sie geht auf Jesus zu, um ihn um Hilfe zu bitten. Sie bricht ein in die Klausur, in die Jesus sich zurückgezogen hat, und fällt vor ihm nieder, umklammert seine Füße. Darin drückt sie ihre Ohnmacht aus. Das Eingestehen der eigenen Hilflosigkeit ist die Bedingung, dass die Verstrickung zwischen Mutter und Tochter gelöst und somit der Dämon ausgetrieben werden kann.

In dem „Fußfall" der Frau wird jedoch auch eine vereinnahmende Tendenz sichtbar. Offensichtlich versucht die Frau nicht nur ihre Tochter zu vereinnahmen, sondern auch alle, von denen sie Hilfe erhofft. Wenn sie schon ihrer Tochter nicht helfen kann, so kann sie doch ihren weiblichen Charme einsetzen, um Jesus dazu zu bewegen, dass er ihr helfe. Und sie rechnet fest damit, dass dieser Jesus ihrer verzweifelten Bitte nachkommt. Nach allem, was sie von Jesus gehört hat, glaubt sie, dass ihr Kniefall Jesus umstimmen werde, mit ihr zu kommen. Doch Jesus grenzt sich dieser Frau gegenüber ab. Er lässt sich nicht vereinnahmen. Er zeigt ihr ihre Grenzen auf. Jesus erfüllt hier ganz und gar nicht das Bild des allzeit hilfsbereiten Heilands, das oft genug gepredigt wurde. Da hieß es, man brauche Jesus nur zu bitten, dann würde er sofort kommen und helfen. Doch in dieser Geschichte zeigt Jesus keine Bereitschaft zu helfen. Er hat sich mit den Jüngern zurückgezogen, um sie zu belehren. Das ist ihm jetzt wichtiger. Auch er hat Bedürfnisse, und er lässt sich nicht von jedem Bedürfnis anderer sofort bestimmen. Offensichtlich hilft der Frau, dass da einer nicht gleich ihrem ersten Wunsch nachkommt, sondern dass er sich abgrenzt. Vielleicht ist dieses Abgrenzen Jesu schon der erste Schritt für die Mutter, damit sich ihre Beziehung zur Tochter klären kann. Auch sie darf Grenzen setzen, auch sie darf ihre eigenen Bedürfnisse haben und akzeptieren und muss der Tochter nicht alle Wünsche von den Lippen lesen. Sie muss lernen, die grenzenlose Beziehung, in der sich die Gefühle von Mutter und Tochter miteinander vermischen, in eine klare Beziehung zu wandeln, in der jede sie selbst sein darf.

Jesus behandelt in dieser Geschichte nur die Mutter. Die Therapie für die Mutter besteht nicht darin, dass Jesus die Mutter heilt, weil sie krank ist. Jesus benutzt nicht die Einteilung von gesund und krank. Er bewertet nicht. Er befreit die Mutter aus der Verstrickung mit ihrer Tochter und führt so beide zu sich. Der Dämon ist eine unklare Beziehung zwischen Mutter und Tochter, eine unheilvolle Verwicklung. Jesus bringt sie mit sich selbst in Berührung. Er lehrt die Mutter, ihre Tochter leben zu lassen. Er beginnt ein Gespräch mit ihr. Er redet mit ihr nicht über die Tochter, sondern über ihr eigenes Verhalten. Er konfrontiert sie mit sich selbst, damit sie sich selber besser kennen lernt.

Das Kind sättigen

Der erste Schritt der Therapie Jesu besteht in dem eigenartigen Satz: „Lass zuerst die Kinder satt werden. Denn es ist nicht recht, das Brot den Kindern zu nehmen und es vor die Hündlein zu werfen“ (Mk 7,27). Viele Ausleger deuten diesen Satz so, als ob sich Jesus nur zu den Juden gesandt fühlt und nicht zu den Heiden. Wenn wir diese Geschichte so deuten, ist sie zwar historisch interessant, dann gibt sie uns Einblick in die Geschichte der frühen Kirche, aber sie hätte keine Bedeutung für uns. Wir erleben immer wieder, dass Menschen, die noch nichts von dieser historischen Deutung gehört haben, viel unbefangener mit diesem Satz umgehen. Sie bringen sofort ihre eigenen Erfahrungen ein. Eine Frau meinte spontan, sie würde sich in dieser Geschichte wiederfinden. Ihre Mutter hatte ein Geschäft. Damit war sie so beschäftigt, dass die Tochter die Zuwendung nicht bekommen hat, die sie brauchte. Sie hat nur von den Brosamen leben können, die vom Geschäft abfielen. Davon wurde sie nicht satt. Doch sie hat sich bei den Kunden geholt, was sie gebraucht hat. Sie ging oft ins Geschäft und sprach mit den Kunden. Von ihnen hat sie viel Zuwendung bekommen. Bei ihnen war sie beliebt, und hier konnte sie ihren Charme einsetzen, um sich die Liebe zu holen, die sie sich eigentlich von der Mutter ersehnt hatte.

Wenn wir die Erfahrung dieser Frau mit der biblischen Geschichte vergleichen, dann könnte man in dem Wort Jesu eine Deutung des krank machenden Verhaltens der Frau sehen. Die Mutter soll ihre Kinder satt werden lassen, anstatt das Brot den Kindern wegzunehmen und es den Hunden vorzuwerfen. Im Griechischen steht hier „Hündlein“. Die Griechen hatten gerne solche „Hündlein“ als Haustiere. Und oft genug sorgten sich manche Mütter mehr um ihre süßen „Hündlein“ als um die eigenen Kinder. Offensichtlich hat die Frau ihre Tochter nicht in ihrer Einmaligkeit und Andersheit angenommen und sich lieber den

Hunden zugewandt. Die waren pflegeleichter, die konnte sie so erziehen, wie sie wollte, während die Tochter ihren eigenen Willen anmeldete. Hunde kann man dressieren, auf Kinder muss man eingehen und sie zu verstehen suchen. Die Tochter ist nicht satt geworden. Sie hat nicht bekommen, was sie brauchte. Sie hat nicht die Liebe erfahren, nach der sie sich gesehnt hat. Die Hündlein wurden ihr vorgezogen. So blieben für sie nur die Brosamen der Mutterliebe übrig.

Für die Juden war der Hund auch ein Bild für Götzendiener. Wenn man von dieser Bedeutung ausgeht, könnte in dem Wort Jesu der Vorwurf stecken, dass der Frau Götzen wichtiger sind als das Wohl der Tochter. Manche Mutter läuft irgendwelchen Götzen nach, dem Götzen ihrer eigenen Karriere oder ihres Geschäftes, ihres Berufes oder ihrer Anerkennung bei den Menschen. Sie sorgt nicht für ihre Kinder, sondern nur für sich selbst. Ihre Bildung ist ihr wichtiger als die Tochter. Ihr ganzes Streben geht danach, gut auszusehen und gut bei den Menschen anzukommen. Sie möchte eine attraktive Frau sein und verweigert die Mutterrolle. Oder sie benutzt die Tochter als Götzen. Die Tochter soll all das leben, was sie nie leben konnte oder durfte. Aber sie sieht die Tochter nicht so, wie sie ist. Sie sieht in der Tochter das eigene ideale Selbst, das sie in ihr entwickeln möchte. Dann überfordert sie sie mit ihren Erwartungen und den hohen Idealen, die sie in sie hineinprojiziert. Die Tochter muss sich gegen diesen Überanspruch wehren. Oft genug ist die Krankheit dann der einzige Weg, sich den Erwartungen der Mutter zu verweigern.

Am Widerstand wachsen

Jesus lässt sich, wie wir sahen, von der Frau nicht vereinnahmen. Mit seiner Antwort widersteht er der Bitte der Frau. Die Größe der Frau besteht nun darin, dass sie sich auf diesen Widerstand

Jesu einlässt. Sie ist nicht beleidigt, sondern eher verwundert über das Verhalten Jesu, das sie sich so anders vorgestellt hat. Aber sie wächst am Widerstand Jesu. Offensichtlich erkennt sie, dass Jesus nicht aus Bequemlichkeit auf ihre Bitte hin gleich mit ihr geht. Sie spürt im Gespräch mit Jesus zugleich die Liebe und die Abgrenzung. Das ist eine wichtige Einsicht. Vielleicht hat sie Liebe zu absolut gesehen. Wer liebt, muss nach der landläufigen Meinung immer für den anderen da sein. Am Verhalten Jesu geht ihr aber plötzlich auf, dass Liebe und Abgrenzung zusammengehören. Der Psychotherapeut Peter Schellenbaum spricht vom „Nein in der Liebe". Nur wenn ich mich in der Liebe vom andern auch abgrenzen kann, wird die Liebe zwischen Ehepartnern auf Dauer bestehen können. Ohne eine gesunde Abgrenzung wird im Unbewussten die Aggression so stark anwachsen, dass man sich irgendwann einmal voneinander trennt. Wenn die Mutter sich in ihrer Liebe zur Tochter nicht abgrenzt, wird ihre Liebe die Tochter vereinnahmen und erdrücken. Und irgendwann wird die Mutter sich in ihrer Liebe überfordert fühlen und sich von der Tochter abwenden. Sie kann sie nicht mehr lieben. Vielleicht war die Mutter gerade in diesem Stadium. Sie hatte vermutlich ein zu hohes Ideal von Liebe. Und weil sie diese grenzenlose Liebe rund um die Uhr nicht mehr aufbringen konnte, hat sie sich lieber den „Hündlein" zugewandt. Nun lernt sie von Jesus, dass man den andern lieben und sich zugleich von ihm abgrenzen kann, dass sie für ihr Kind sorgen kann, ohne sich selbst und die eigenen Bedürfnisse zu verleugnen.

Die Frau akzeptiert die Sicht Jesu: „Ja, du hast Recht, Herr!" Sie gibt zu, dass sie ihre Tochter vernachlässigt hat. Sie sieht ein, dass die Tochter von ihrer Liebe nicht satt werden konnte. Doch sie macht sich nicht klein, indem sie alle Schuld auf sich nimmt und sich mit Schuldgefühlen zerfleischt. Sie erkennt, dass ihre begrenzte Liebe doch auch etwas abwirft für ihre Tochter, dass ihre Tochter davon leben kann. So erweitert sie die Sichtweise Jesu, indem sie ihm antwortet: „Aber auch für die Hunde unter dem Tisch fällt etwas von dem Brot ab, das die Kinder essen." Sie drückt mit diesem Wort ihre Einsicht aus. Sie erkennt: Wenn ich mein Kind an die erste Stelle setze und der Tochter gebe, was sie braucht, bleibt dennoch oder gerade deshalb noch genügend für mich übrig. Diese erstaunliche Einsicht heilt die Mutter. Der Mutter gehen die Augen auf über sich selbst und über ihre Beziehung zur Tochter. Sie wird frei von der krank machenden Verwicklung mit ihrer Tochter. In der Begegnung mit Jesus erkennt die Frau, was da in der Beziehung zu ihrer Tochter „verhext" war.

Vermutlich war die Mutter dem Teufelskreis erlegen, der aus dem Gefühl der Schuld gegenüber der Tochter entsteht. Wenn eine Mutter aus dem Schuldgefühl heraus der Tochter Zuwendung schenkt, hilft es weder ihr noch der Tochter. Die Mutter wird überfordert und die Tochter kennt sich nicht mehr aus. Viele Mütter machen heute eine ähnliche Erfahrung. Sie spüren, dass sie der Tochter mehr Zuwendung schenken müssten, – und schon entsteht in ihnen ein Schuldgefühl. Sie werfen sich vor, dass sie zu viel Zeit für das Geschäft oder für ihre Arbeit aufwenden. Sie zerfleischen sich mit Schuldgefühlen. Sie möchten die Schuldgefühle loswerden und die Schuld gleichsam abbezahlen, indem sie die Tochter nun mit Zuwendung überschütten. Aber dieser ständige Wechsel zwischen Mangel und Überfülle an Zuwendung verwirrt die Tochter. Sie wird krank. Die Verwirrung ist wie ein Dämon, der ihr Denken trübt. In der Verwirrung wird sie nicht satt. Wer ständig hungert, kann sich nicht satt essen, wenn der Tisch überreich gedeckt ist. Die Frau sieht ihre begrenzte Liebe zur Tochter ein. Aber indem Jesus ihr gegenüber zuerst nein sagt, indem er ihr seine Grenze klar aufzeigt, befreit er sie von ihren Schuldgefühlen, die sie immer hatte, wenn sie sich ihren „Hündlein" zuwandte. Weil sie nun nicht mehr aus einem Schuldgefühl heraus handelt, kann ihre Beziehung zur Tochter anders werden. Die Mutter wird sich nicht mehr überfordern, wenn sie sich der

Tochter zuwendet. Sie hat die innere Erlaubnis, dass sie sich auch ihren Bedürfnissen widmen darf. Diese innere Erlaubnis gibt ihr genügend Kraft, nun auch der Tochter das zu geben, was sie braucht und was sie sättigt. Sie muss bei ihrer Tochter nicht die eigene Schuld abbüßen. Sie kann die Tochter so sehen, wie sie ist. Und sie kann ihr geben, wozu sie imstande ist, ohne sich zu verausgaben.

In einer Gesprächsrunde erzählte eine Frau, dass sie ihrer Mutter gegenüber Schuldgefühle hatte. Sie hatte ihre Mutter sehr geliebt, konnte aber, da sie an einem anderen Ort lebte, bei ihrem Sterben nicht dabei sein. Das machte sie sich ständig zum Vorwurf. Sie konnte mit ihren Schuldgefühlen ihrer Mutter gegenüber schlecht umgehen. Der einzige Weg, sich von ihnen zu befreien, war für sie, ihre Schuld zu sühnen, indem sie ihre Tochter verwöhnte. Doch auch wenn sie sich noch so für ihre Tochter aufopferte, wurde sie ihre Schuldgefühle nicht los. Schuldgefühle lassen sich nicht „abarbeiten". Es braucht einen anderen Weg, sich von ihnen zu befreien. Der Frau wurde erst bewusst, was sie da an ihrer Tochter ausagierte, als wir im Kurs über die Heilungsgeschichte in Mk 7 sprachen. Jetzt erkannte sie, dass sie sich für die Tochter völlig verausgabte, um frei zu werden von ihren Schuldgefühlen. Doch ihre Überfürsorge tat der Tochter nicht gut. Sie konnte die Grenzen der Mutter nicht spüren. Daher tat sie sich ihr Leben lang schwer, sich abzugrenzen und ihre eigenen Grenzen wahrzunehmen. Die Überfürsorge, die aus einem schlechten Gewissen heraus kommt, ist für die Tochter genauso schlimm, bildlich zugespitzt: genauso tödlich wie ein Mangel an Liebe. Für die Mutter wurde die Geschichte von der syrophönizischen Frau existenziell wichtig. Sie lernte wie die Frau in der Geschichte von Jesus, dass sie nicht alles zu geben braucht, sondern nur das, was sie zu geben vermag. Die Tochter wächst, wenn sie erfährt, dass auch die Mutter ihre Grenzen hat und dass sie zu ihren Grenzen stehen kann.

Wie immer man die Antwort der Mutter verstehen mag, auf jeden Fall spiegelt sich in ihren Worten eine innere Verwandlung wider. Die Heilung der Mutter besteht in der Einsicht in ihre wirkliche Beziehung zur Tochter. Weil sie durch die Begegnung mit Jesus verstanden hat, was zwischen ihr und ihrer Tochter abläuft, wird sie frei von den unbewussten Projektionen, die sie bisher auf die Tochter gerichtet hat. Die Mutter verspricht Jesus nicht, dass sie sich nun völlig ändern würde. Ein solches Versprechen würde vermutlich nicht viel nützen und könnte höchstens ihr schlechtes Gewissen beruhigen. Sie würde die Tochter mit ihrer Liebe überschütten und sie dadurch verwöhnen. Aber mit dieser Verwöhnung würde sie der Tochter nur schaden. Manche Mütter sind hin- und hergerissen zwischen Vernachlässigung und Verwöhnung. Mit der Verwöhnung meinen sie aber nicht die Tochter, sondern ihr eigenes schuldiges Selbst. Dadurch verstricken sie sich mit der Tochter. Der Dämon, der die Tochter besetzt hält, besteht letztlich in dieser unheilvollen Verstrickung der Mutter mit ihrer Tochter, in der Vermischung der Schuldgefühle der Mutter mit den Bedürfnissen der Tochter.

Die Frau gibt Jesus Recht. Sie hat verstanden, was er gemeint hat. Und sie sieht nun die Mechanismen ein, die zwischen ihr und ihrer Tochter greifen. Jesus hat ihr die Augen geöffnet, damit sie die Beziehung zu ihrer Tochter genauer anschaut, ohne sie zu bewerten. Indem Jesus sich weigert, gleich mit ihr zu gehen und ihre Erwartungen zu erfüllen, hat er sie zum Nachdenken gebracht. Und das ist hilfreicher als schnelles Handeln, das nur darauf aus ist, die Symptome sofort aufzulösen. Die Einsicht in die enge Verflechtung zwischen ihren Konflikten und den Problemen der Tochter befreit die Mutter von ihrer unbewussten Bindung an die Psyche ihrer Tochter. Das befreit ungekehrt auch ihre Tochter von dem Dämon. Weil die Mutter nun verwandelt nach Hause gehen kann, wird die Tochter ihr anders begegnen können. Weil sie nicht mehr unbewusst auf ihre Verhaltensweisen reagiert, ist die Tochter frei, sich so zu verhalten, wie es ihrem Herzen entspricht. Jesus heilt die unheilvolle Verstrickung zwischen Mutter und Tochter, indem er zuerst die Mutter auf die eigenen Füße stellt und sie mit sich selbst konfrontiert. Wenn die Mutter ganz sie selbst wird, dann kann auch die Tochter ihr eigenes Leben leben, dann wird sie frei von den Trübungen durch die mütterlichen Schuldgefühle und Ängste, dann kann sie ganz sie selber werden. In Indonesien wird das Loslassen der Tochter durch ein Ritual ausgedrückt. Vor der Hochzeit der Tochter zerschlägt die Mutter einen Topf. Sie drückt damit aus, dass die Jugend der Tochter vorbei ist, dass sie die Tochter loslässt, damit sie nun auf eigenen Füßen steht.

Ein Zuhause anbieten

Jesus schickt die Frau nach Hause mit den Worten: „Weil du das gesagt hast, sage ich dir: Geh nach Hause, der Dämon hat deine Tochter verlassen" (Mk 7,29). Jesus begründet die Heilung der Tochter nicht mit dem Glauben der Frau, sondern mit ihrer Einsicht. Weil sie die Ursache der Verstrickung mit ihrer Tochter erkannt hat, kann die Tochter gesund werden. Aber es braucht noch helfende Bedingungen, dass die Tochter ihre Lebensspur findet. Eine Frau in der Bibelgruppe meinte, die Therapie Jesu würde darin bestehen, die Frau auf ihr Haus zu verweisen. Vielleicht war die Frau zu wenig zu Hause. Vielleicht hat sie der Tochter nicht das Zuhause vermittelt, nach dem sie sich gesehnt hat. Wenn die Tochter sich daheim fühlt, wird sie frei von ihren Zwängen, überall die Zuwendung der Mutter einzufordern. Als die Mutter nach Hause kommt, sieht sie die Tochter auf dem Bett liegen. Bett ist auch ein Bild für Geborgenheit. Die Tochter kann sich fallen lassen. Sie ist geborgen und mit sich im Frieden. Sie wird vom Dämon nicht mehr hin- und hergezerrt. Sie muss nicht ruhelos umherlaufen und um Zuwendung betteln, sondern kann bei sich bleiben. Die Mutter sieht sofort, dass der Dämon sie verlassen hat. Wenn die Mutter ihre Tochter mit Zuwendung überschüttet, um die eigenen Schuldgefühle loszuwerden, dann wird sie auch in der Tochter Schuldgefühle hervorrufen. Die Schuldgefühle werden dann die Tochter umherirren lassen. Von jeher werden Menschen, die von Schuldgefühlen geplagt werden, als ruhelose Wanderer beschrieben, so etwa Kain und Ahasver. Wenn die Mutter der Tochter ohne Schuldgefühle begegnet, wird auch sie von ihnen frei. Dann kann sie bei sich zu Hause sein.

Jesus hat in dieser Heilungsgeschichte die Tochter gar nicht zu Gesicht bekommen. Er schickt die Mutter auf den Weg. Wenn die Mutter im Einklang mit sich nach Hause kommt, kann auch die Tochter ihre eigene Identität finden. Der unreine Geist der Tochter ist ja bedingt durch die unklare Sicht der Mutter. Die Mutter projiziert ihre eigenen Probleme in die Tochter hinein. Sie sieht sie nicht so, wie sie ist, sondern durch die Brille ihrer Ängste, ihrer Eifersucht, ihrer Bedürfnisse, ihrer unaufgearbeiteten Lebenswunden. Und weil die Mutter ihre Probleme in die Tochter hineinprojiziert, kann auch die Tochter die Mutter nicht objektiv sehen. Sie wird ihre eigenen verdrängten Bedürfnisse auf die Mutter übertragen. So entsteht ein Teufelskreis, der beide in Bann hält. Die Heilung besteht nicht in einem Aufarbeiten der Projektionen, sondern in einem Austreiben des Dämons, der die Augen trübt. Wenn die Mutter die Tochter und die Tochter die Mutter so sehen kann, wie sie in Wirklichkeit ist, dann hat der Dämon keine Chance mehr.

Jesus kämpft hier nicht mit dem Dämon, der die Tochter besetzt hält. Er treibt den Dämon nicht aus, sondern er bestätigt der Mutter, dass der Dämon die Tochter schon verlassen hat. Wenn die Mutter aufhört, ihre Tochter mit ihren Projektionen zu infizieren, gibt es keinen Dämon mehr, der die Tochter im Griff hat. Wenn die Mutter zu sich selbst gefunden hat, dann muss sie nicht ständig an der Tochter herumkritisieren, dann findet sie ihre Tochter in Ordnung. In der Heilung der Mutterwunde zeigt Jesus, wie optimistisch er den Menschen sieht. Er vermittelt der Mutter, dass ihre Tochter in Ordnung ist, dass sie frei ist von Dämonen, die sie bei ihr ständig zu entdecken meint. Wenn die Mutter einen Schritt zurücktritt und die Tochter von einer gesunden Distanz aus sieht, dann wird sie erkennen, dass da kein Dämon ist. Die Tochter ist sicher keine Heilige, aber sie ist auch kein Dämon. Sie ist, wie sie ist. Sie macht ihre Entwicklungen durch. Sie geht manche Umwege und vielleicht auch Irrwege. Aber sie wird ihren Weg finden. So könnte man die Worte Jesu zur Frau deuten: „Deine Tochter ist in Ordnung. Sie ist gut so, wie sie ist. Sie darf so sein. Lass sie so sein. Sieh sie in ihrer Einmaligkeit! Vertraue darauf, dass ein Engel sie begleitet und sie durch alle Verdunklungen ihres Wesens doch in die Gestalt führt, die Gott ihr zugedacht hat."

„Schneewittchen ist tausendmal schöner als Ihr"

Das Märchen „Schneewittchen" kann die Geschichte der biblischen Heilungsgeschichte ergänzen. Die Mutter der Geschichte aus dem Evangelium kann ihre Tochter nicht akzeptieren, weil sie um sich und ihre Schönheit kreist. Sie hat ein „Hündlein", das sie zuerst nähren möchte, die eigene Schönheit. Die Tochter wird ihr zur Rivalin. Offensichtlich sieht sie in der Tochter nur eine Last, die sie daran hindert, die Schönste auf der Welt zu sein. Vielleicht erkennt sie in ihrer Tochter auch, dass sie von innen heraus ihre Schönheit lebt, während sie selbst nur eine Fassade aufgesetzt hat. Nun hat sie Angst, ihre Fassade könnte zusammenstürzen. Doch anstatt sich der eigenen Entwicklung zu widmen, schiebt sie alle Schuld auf ihre Tochter.

In der Urfassung des Märchens ist es die eigene Mutter, die Schneewittchen mit ihrem Hass verfolgt. In der am weitesten verbreiteten Fassung ist es jedoch die Stiefmutter. Die Stiefmutter zeigt das andere Gesicht der Mutter, das die Tochter bisher noch nicht kennen gelernt hat, die Schattenseite, die ihr verborgen geblieben ist. Das deutsche Wort „stief" meint eigentlich „beraubt, verwaist". Es hängt mit „stoßen" und „schlagen" zusammen. „Stiefmutter" in diesem Sprachverständnis bedeutet daher, dass die Kinder ihrer eigentlichen Mutter beraubt sind, dass sie entweder durch den Tod oder durch eine innere Veränderung ihre gute Mutter verloren haben, die für sie sorgt, sie nährt und ihnen Heimat und Geborgenheit schenkt. Die Stiefmutter ist die böse Mutter, die ihre Kinder schlägt und stößt. Sie kann ihre Kinder nicht so annehmen, wie sie sind. Sie verfolgt sie, weil sie in ihnen Rivalen oder Rivalinnen sieht, weil sie ihre eigenen Probleme in die Kinder hineinprojiziert. Sie benutzt die Kinder als Sündenböcke, denen sie alles auflädt, was sie bei sich nicht wahrhaben möchte.

So beginnt das Grimm'sche Märchen vom Schneewittchen, das die meisten von uns aus ihrer Kindheit kennen: „Es war einmal mitten im Winter, und die Schneeflocken fielen wie Federn vom Himmel herab, da saß eine Königin an einem Fenster, das einen Rahmen von schwarzem Ebenholz hatte, und nähte. Und wie sie so nähte und nach dem Schnee aufblickte, stach sie sich mit der Nadel in den Finger, und es fielen drei Tropfen Blut in den Schnee. Und weil das Rote im weißen Schnee so schön aussah, dachte sie bei sich: Hätt ich ein Kind so weiß wie Schnee, so rot wie Blut und so schwarz wie das Holz an dem Rahmen.' Bald darauf bekam sie ein Töchterlein, das war so weiß wie Schnee, so rot wie Blut und so schwarzhaarig wie Ebenholz und ward darum das Schneewittchen (Schneeweißchen) genannt. Und wie das Kind geboren war, starb die Königin."

Das Märchen erzählt in seiner Urfassung, dass Schneewittchen die Tochter der schönen Königin ist, die so stolz ist auf ihre Schönheit, dass sie jeden Morgen vor den Spiegel tritt und ihn befragt: „Spieglein, Spieglein an der Wand, wer ist die schönste Frau in dem ganzen Land?" Und der Spiegel bestätigt ihr: „Ihr, Frau Königin, seid die schönste Frau im Land." Doch als die Tochter sieben Jahre alt ist, übertrifft das Kind die Mutter an Schönheit. Und so antwortet ihr der Spiegel: „Frau Königin, Ihr seid die Schönste hier, aber Schneewittchen ist noch tausendmal schöner als Ihr!" Nun fängt die Königin an, ihre Tochter zu hassen. Sie gibt einem Jäger den Befehl, Schneewittchen zu töten und ihr seine Lunge und Leber mitzubringen. Der Jäger erbarmt sich der schönen Tochter und tötet stattdessen einen Frischling, nimmt Lunge und Leber heraus und bringt sie der Königin zum Essen. Schneewittchen irrt mutterseelenallein im Wald herum, bis sie zu einem kleinen Häuschen kommt, in dem ein Tischlein mit sieben kleinen Tellern steht. Davon isst sie und legt sich dann in ein Bett. Als am Abend die Zwerge von ihrer Arbeit heimkehren, sehen sie Schneewittchen und freuen sich an ihrer Schönheit. Nachdem das Mädchen ihnen von seinem Geschick erzählt hat, bekommen sie Mitleid und laden es ein, ihnen den Haushalt zu besorgen. Doch es solle sich vor der Königin hüten und niemanden hereinlassen.

Und wieder fragt die Königin den Spiegel nach der schönsten Frau. Und erneut lautet die Antwort: „Schneewittchen über den sieben Bergen ist noch tausendmal schöner als Ihr!" Da macht sie sich auf, um ihre eigene Tochter selber zu töten. Sie verkleidet sich als alte Krämerin und klopft an dem Haus der Zwerge an. Schneewittchen denkt, die gute alte Frau könne sie wohl einlassen, und kauft ihr einen Schnürriemen ab. Doch die Königin schnürt sie damit so fest, dass sie tot umfällt. Als die Zwerge heimkommen, erschrecken sie. Doch sie können den Schnürriemen entzweischneiden und das Mädchen wieder ins Leben zurückholen. Es solle aber auf keinen Fall wieder jemanden einlassen. Doch auch das zweite Mal wird das Mädchen schwach. Die neidische Königin verkauft ihr diesmal einen vergifteten Kamm. Sie kämmt sie selbst und sticht ihr den Kamm in den Kopf. Wieder fällt Schneewittchen tot hin. Doch die Zwerge ziehen ihr den vergifteten Kamm heraus. Da wird sie wieder lebendig. Beim dritten Mal gibt ihr die Königin einen vergifteten Apfel. Nun können die Zwerge sie nicht wieder lebendig machen. Sie legen sie in einen Sarg aus Glas und beweinen sie. Aber als einmal ein junger Prinz in das Zwergenhaus kommt und Schneewittchen im Glassarg liegen sieht, wird er so von Liebe erfasst, dass er die Zwerge bittet, ihm den Sarg mit dem toten Mädchen zu verkaufen. Erst als sie die große Liebe des Prinzen erkennen, geben sie ihm den Sarg – aus Mitleid und als Geschenk. „Der Königssohn ließ ihn nun von seinen Dienern auf den Schultern forttragen. Da geschah es, dass sie über einen Strauch stolperten und von dem Schüttern fuhr der giftige Apfelgrütz, den Schneewittchen abgebissen hatte, aus dem Hals. Und nicht lange, so öffnete es die Augen, hob den Deckel vom Sarg in die Höhe und richtete sich auf und war wieder lebendig." Der Prinz freut sich und die Hochzeit wird mit großer Pracht und Herrlichkeit angeordnet. Die Königin kommt in dieser Version aus Neugier auch zur Hochzeit. „Doch wie sie hineintrat, erkannte sie Schneewittchen, und vor Angst und Schrecken stand sie da und konnte sich nicht regen. Aber es waren schon eiserne Pantoffeln über Kohlenfeuer gestellt und wurden mit Zangen hereingetragen und vor sie hingestellt. Da musste sie in die rot glühenden Schuhe treten und so lange tanzen, bis sie tot zur Erde fiel."

Trotz der bösen Mutter bzw. Stiefmutter geht das Märchen gut aus. Schneewittchen hat Helfer auf ihrer Seite. Da ist einmal der Jäger, der mit ihr Mitleid hat. Der Jäger repräsentiert eine väterliche Seite. Er hat Beziehung zum Wald, zum Unbewussten, und zu den Tieren, zu den Trieben des Menschen. Er entlässt das

Mädchen in den Bereich des Unbekannten und Unbewussten. Schneewittchen läuft mutig in den Wald hinein. Dort findet sie hinter den sieben Bergen das Haus mit den sieben Zwergen. (Die Zahl Sieben ist in der Sprache der Symbolik die Zahl der Verwandlung, die das Irdische mit dem Himmlischen verbindet.) Die sieben Berge beschreiben den Ort, an dem sich die Tochter zurückziehen kann, an dem sie für sich ist und der zum Raum einer positiven Verwandlung werden kann. Die in diesem Symbol angedeutete Möglichkeit kann im Alltag auf ganz verschiedene Weise Realität gewinnen. Auch für ein Mädchen heute kann dieser Ort das Tagebuchschreiben sein, für ein anderes die Musik, ihre Clique oder der Rückzug in die eigene Phantasie. Die Zwerge im Märchen symbolisieren innere Kräfte, die das Kind schützen. Sie heben die Schätze aus dem Inneren der Erde. Die Zwerge stehen für die männliche Energie im Mädchen. Es braucht die Strukturierung ihrer eigenen inneren Welt, um zu sich selbst heranzureifen. Es sind sieben Zwerge. Sieben, haben wir gesagt, ist die Zahl der Verwandlung. In dem kleinen Mädchen sind also genügend Kräfte, die die negativen Einflüsse der Mutter zu wandeln vermögen. Jedes Kind hat in sich Ressourcen, aus denen es schöpfen kann. Es ist nicht nur den feindlichen und zerstörerischen Einflüssen von außen ausgesetzt. Es kann nach innen gehen. Dort gibt es genügend, was es nährt. Und schließlich kommt ein Prinz, der das Mädchen erlöst. Allerdings muss der Prinz warten, bis Schneewittchen in ihrem gläsernen Sarg aufwacht. Es bedarf eines Impulses von außen, damit die stecken gebliebene Entwicklung weitergeht. Der Sarg ist ein Bild für den seelischen Rückzug des Mädchens. Es braucht viel Zeit für sich, damit das, was in ihm angelegt ist, reifen kann. In der oben zitierten Fassung ist ein zufälliger Anstoß von außen. In der Urfassung stolpern die Diener nicht zufällig über den Strauch. Der Diener des Prinzen wird vielmehr ärgerlich, weil er den Sarg immer hinterher tragen muss. Dieser Diener steht für die aggressiven Anteile des Prinzen. Die bedingungslose Liebe des Mannes muss zusammengehen mit seiner aggressiven Kraft, um die junge Frau mit sanfter Gewalt dem mütterlichen Bereich zu entreißen, um den vergifteten Apfel aus dem Hals des Mädchens herauszustoßen.

Trotz des Schutzraumes, den das Mädchen im Haus der sieben Zwerge erfährt, ist auch dieser Ort nicht ganz sicher vor den verletzenden Attacken ihrer Mutter. Aggressive Impulse stoßen auch in den Raum der Geborgenheit vor, den das Mädchen in ihrer Gruppe, in ihrer Musik, in ihrer Phantasie erfahren kann. Die dreimaligen Mordversuche zeigen drei weit verbreitete Mutterwunden der Tochter. Die erste Wunde ist das Einschnüren. Die Mutter zieht die Schnur immer enger und nimmt der Tochter den Atem. Das Einschnüren kann sich auch auf die Sexualität beziehen. Denn vermutlich ist daran gedacht, die Taille immer enger zu schnüren. In der Mode des 16. Jahrhunderts sprach man von der „Wespentaille“. Der Bauch als Bereich der Vitalität soll eingeschnürt werden. Die Mutter hindert die Tochter in der Entwicklung ihrer Sexualität, indem sie sie verteufelt und ihr ausmalt, wie schlimm es sei, dass die Männer alle nur auf Sexualität aus seien.

Der vergiftete Kamm weist auf die zweite Wunde hin. Die Mutter vergiftet das Denken der Tochter. Manche Tochter wird von der Mutter vergiftet, weil sie ständig auf das achten muss, was die Leute sagen. Sie darf nicht selber denken, nicht dem eigenen Herzen trauen, sondern muss so werden, wie man es von ihr erwartet. Der vergiftete Kamm kann aber auch noch etwas anderes bedeuten. Die Haare sind einmal ein Bild der Kraft, zum andern Bild für die Weiblichkeit. Manche Mütter haben Angst vor der Kraft, die in der Tochter steckt, und vor ihrem Frausein, das sie in ihrer Frisur darzustellen versucht. Oft kommentieren Mütter die Frisur ihrer Tochter: „Wie kommst du denn daher? Frisiere dich anständig!“ Die Frisur ist heute für viele Mädchen die erste Möglichkeit, sich bewusst von den Müttern abzugrenzen. Manche lassen ihre Haare bewusst grell färben, um ihre Mutter zu schockieren. Sie wollen damit betonen, dass sie nun selber denken und selber bestimmen, wie sie sein wollen. Der vergiftete Kamm hindert das Mädchen, selbst zu denken und ihre Vorstellungen vom Leben klar zu äußern.

Der Apfel ist ein altes Liebessymbol. Die Mutter vergiftet die Liebe der Tochter. Die Königin teilt den Apfel in zwei Teile und gibt ihrer Tochter den vergifteten Teil. Das weist auf die Ambivalenz der Liebe hin, die Töchter oft erfahren. Da liebt die Mutter ihre Tochter, aber sie vermittelt ihr zugleich, dass sie dafür dankbar sein muss. Die Tochter spürt diese doppelte Botschaft dieser Emotionen der Mutter, in der sich Liebe mit Egoismus, mit Macht und mit Bestimmenwollen paart. Die Liebe der Mutter hat nicht nur die schöne Seite, sondern auch eine vergiftete Seite. Die Mutter liebt die Tochter, um sie an sich zu binden, um sie zu vereinnahmen, ja manchmal, um sich selbst in ihr zu lieben. Manchmal wird die vergiftete Seite dieser Liebe sichtbar, wenn die Mutter sich an der Tochter rächt, die ihren eigenen Weg geht, wenn sie sie bestraft, indem sie sie nicht beachtet und kein Wort mehr mit ihr spricht. Von dieser Vergiftung können die Zwerge Schneewittchen nicht mehr befreien. Da muss ein Prinz kommen, der sie mit seiner Liebe wieder aufweckt. Es muss schon eine starke Liebe sein, die die Vergiftung auflösen kann, die sich in einer Frau festgesetzt hat, die fortwährend von ihrer Mutter als Rivalin oder als Sündenbock behandelt worden ist.

Und noch etwas hilft der Tochter, sich aus dem Bannkreis der Mutter zu befreien: die Aggression. Wenn der Prinz Schneewittchens Mutter in glühenden Pantoffeln tanzen lässt, dann ist das ein aggressiver Akt. Gerade weibliche Psychologen betonen heute, „welch zentrale Rolle die aggressive Wendung des Mädchens gegen seine Mutter spielt" (Augustin 123). Das Mädchen muss sich mit der Mutter auseinander setzen, um sich neben der Mutter des eigenen Raumes zu bemächtigen. Dazu braucht es die Aggression. Dabei geschieht die Wendung des Mädchens gegen die Mutter anders als die des Jungen. Denn das Mädchen braucht ja noch eine teilweise Identifizierung mit der Mutter. Es geht also nicht um völlige Loslösung, sondern um die „Differenzierung in der Gleichheit". „Viele Frauen scheitern daran, weil sie sich entweder zu sehr anpassen oder völlig auf Distanz gehen, statt sich differenziert mit den Eigenschaften der Mutter auseinander zu setzen" (Augustin 119). Die Tochter braucht die Aggression, um in einer gesunden Distanz zur Mutter auch die guten Wurzeln zu entdecken, die sie in der Mutter gefunden hat.

Spirituelle Impulse

Eine depressive Frau, die jahrelang bei verschiedenen Therapeuten war, war ganz erstaunt, als sie sich in der Geschichte von der syrophönizischen Frau wieder fand. Sie sah da genau ihre Beziehung zu ihrer Tochter beschrieben. Und sie fand den Mut, sich auf dem Hintergrund des biblischen Textes von der Tochter abzugrenzen und sich von ihr nicht mehr aussaugen und Schuldgefühle einimpfen zu lassen. Die Frauen, denen wir in der geistlichen Begleitung die Geschichte von der Heilung der Mutter-Tochter-Beziehung zur Meditation geben, sind alle Töchter und viele von ihnen auch Mütter. Sie können in diesem Text ihre Beziehung zur Mutter meditieren, aber sich zugleich fragen, wie sie sich ihren Töchtern gegenüber verhalten. Dabei geht es aber nicht nur darum, die Mutterwunden besser zu verstehen, sondern durch die Wunde hindurch die eigene Lebensspur zu entdecken. Der spirituelle Umgang mit der Mutterwunde verweist uns auf die eigenen Ressourcen, die in uns stecken. In jedem von uns sprudeln innere Quellen, aus denen wir schöpfen können. Es ist letztlich immer eine göttliche Quelle, aus der wir trinken können.

Und die ist in jedem von uns, selbst wenn diese Quelle oft genug durch die Verstrickungen unserer Kindheit zugedeckt worden sind. Wenn wir durch unsere Wunden hindurch die Quelle in uns entdecken, werden wir fähig, unserer eigenen Lebensspur zu folgen.

Ein Weg, spirituell mit unseren Mutterwunden umzugehen, wäre, die Bilder der Heilungsgeschichte in Übungen umzusetzen. Wir müssen unsere Verletzungen nicht abarbeiten, aber wir sollen auch nicht einfach die Hände in den Schoß legen und warten, dass Gott uns alle Arbeit abnimmt. Wir können auch selbst etwas tun, damit Gott unsere Wunden verwandelt und heilt. Spirituelle Übungen wollen uns helfen, unsere Wunden bewusster anzuschauen, mit ihnen umzugehen und Gottes heilende Kraft in sie einströmen zu lassen. Spirituelle Übungen sind kein Trick, um möglichst schmerzfrei von den Verletzungen der Kindheit frei zu werden. Aber wir dürfen vertrauen, dass sie uns öffnen für die Verwandlung und Heilung, die letztlich immer Gott bewirkt.

Die Mutter geht auf Jesus zu und bittet ihn, ihre Tochter zu heilen. Wenn die begleitete Frau Probleme mit ihrer Tochter hat, dann könnte sie eine halbe Stunde laut Jesus erzählen, wie sie ihre Tochter sieht und worum sie Jesus bitten möchte. Wenn sie aber ihre Mutterwunde anschauen möchte, dann könnte sie sich vorstellen, dass ihre Mutter zu Jesus geht und über sie als Tochter erzählt. Was könnte ihre Mutter über sie erzählt haben? Wie sieht ihre Mutter die Tochter? Diese Meditation befreit die Tochter von dem Druck, dass sie ihre Mutter verstehen muss. Aber sie bewahrt sie auch davor, dass sie sich in eine zu negative Sicht der Mutter hineinsteigert. Manche verwechseln Therapie damit, dass man seine Kindheit möglichst negativ sehen muss. Es ist wichtig, nichts zu verdrängen und alle Gefühle anzuschauen, die in einem hochkommen. Aber wir müssen uns auch vor dem Rückschaufehler hüten, der sich immer einschleicht, wenn wir mit unserem heutigen Wissen das Vergangene anschauen. Wer psychologische Literatur liest, kann in Gefahr geraten, nur im Zorn auf die Kindheit zurückzuschauen. Die Logotherapie warnt davor, durch Fehleinschätzung unserer Kindheit unsere seelische Krankheit zu verstärken (Lukas 169 ff). Indem ich mir vorstelle, dass meine Mutter mit Jesus über mich spricht, bekomme ich Abstand zu ihr und kann sie objektiver sehen. Vor allem könnte ich dann auch erkennen, dass sie selbst unter ihrer eigenen Begrenzung gelitten hat.

Der Umgang mit der Geschichte aus dem Evangelium kann aber auch noch auf andere Weise geschehen. Manchmal laden wir in der Begleitung die Frau ein, einen Brief an die Mutter zu schreiben, in dem sie alle Verletzungen zum Ausdruck bringt, die ihr gerade einfallen. Dabei sollte die Frau das, was sie schreibt, nicht bewerten. Sie soll ihre Mutter nicht vorschnell in Schutz nehmen, sondern ohne Angst alles aufschreiben, was ihr spontan einfällt, ohne sich selbst dabei zu zensieren. Danach könnte sie dann aus der Sicht ihrer Mutter einen Antwortbrief schreiben. Sie sollte sich in die Situation der Mutter einfühlen und sich vorstellen, wie es ihr damals ergangen ist, warum sie wohl so gehandelt hat. So ein fiktiver Briefwechsel löst manches an Fixierung auf. Der Briefwechsel könnte noch weiter gehen. Sie könnte auch einen Brief an ihre Tochter schreiben. Was möchte sie ihr sagen? Wie möchte sie ihr das eigene Verhalten erklären? Und dann könnte sie wieder in die Rolle der Tochter schlüpfen und von der Tochter her einen Antwortbrief schreiben. Das bringt oft ein Verständnis füreinander.

Eine andere Methode ist es, wenn der geistliche Begleiter die Frau zu einem Rollenspiel einlädt. Er stellt einen leeren Stuhl hin. Die Frau soll sich vorstellen, dass darauf die Mutter sitzt. Sie sagt der Mutter all das, was sie verletzt hat. Danach setzt sie sich auf den leeren Stuhl und antwortet als Mutter. Diese Methode wird auch von vielen Therapeuten benutzt. Der Therapeut oder die geistliche Begleiterin kann die Frau ermuntern, wirklich alles auszusprechen, was in ihr steckt. Und er kann beobachten, ob die Frau sich in die Rolle der Tochter einfühlen kann oder ob in diesem Rollenspiel die ganze Entfremdung hochkommt, die zwischen beiden herrscht. Ein aktives Rollenspiel kann die Seele oft tiefer berühren als ein bloßes Nachdenken über den Text. Denn da muss ich meine Gefühle zum Ausdruck bringen und das offenbaren, was lange in mir verborgen war.

Jesus – so haben wir gesehen – heilt die Mutter-Tochter-Beziehung, indem er die Verstrickung zwischen beiden auflöst. Er ermöglicht der Mutter, ihre Grenze zu akzeptieren, und er vertraut der Tochter, dass sie zu sich findet, wenn die Mutter ihre eigene Mitte findet. Diese Therapiemethode Jesu lädt dazu ein, einmal die Beziehung zur Mutter loszulassen und sich stattdessen in der Meditation nur zu fragen: „Wer bin ich selbst? Was möchte ich selber? Was ist meine Identität und was sind Projektionen meiner Mutter?" Manchmal laden wir Menschen ein, einen Tag lang nur den Satz zu meditieren: „Ich bin ich selbst." Wenn ich mir diesen Satz vorsage, dann gerate ich nicht in Gefahr, in Selbstmitleid zu schwimmen und andere für meine Situation verantwortlich zu machen. Ein Weg, mein eigenes Selbst zu erkennen, auf den wir schon hingewiesen haben, ist es, in meiner Kindheit nach meinen Lebensträumen zu fragen. Welchen Beruf wollte ich immer ergreifen? Was habe ich am liebsten gespielt? Wie habe ich gespielt? Was habe ich im Spielen von meinem wahren Selbst ausgedrückt? Wo war ich ganz eins mit mir? Wo war ich ganz ich selbst?

Jesus hat als der Auferstandene zu seinen Jüngern gesagt: „Ich bin es selbst" (Lk 24,39). Das griechische Wort „autos" meint in der stoischen Philosophie das wahre Selbst, das innere Heiligtum. Wenn ich diesen Satz in alles, was mir gerade begegnet, hineinspreche, dann spüre ich, dass ich nicht nur die bin, die verletzt worden ist, die Irrwege gegangen ist, sondern auch die, die authentisch ist trotz allem, die etwas Einmaliges in sich trägt. Der Satz hilft mir, mich von der Fixierung auf meine Wunden zu befreien und mein wahres Selbst zu entdecken, das nicht verletzt worden ist. „Ich bin ich selbst", das heißt: In mir existiert ein heiliger und heiler Raum, in dem mich niemand verletzen kann. Das relativiert meine Sichtweise der Mutterwunden. Ich verdränge sie nicht. Sie gehören zu mir. Aber ich fixiere mich auch nicht auf sie. Denn sie sind nicht mein wahres Selbst. Aus der Beziehung zu meinem inneren Selbst heraus kann ich meine Wunden objektiver anschauen und Wege entdecken, wie ich mit ihnen heute auf reife Weise umgehen kann.

Eine Frau erzählte, dass sie mit ihrer Mutter in Urlaub gefahren war. Sie hatte durch jahrelange Therapie gemeint, sie hätte ihre Beziehung zur Mutter aufgearbeitet. Aber die Mutter hat kein einziges lobendes Wort für sie übrig gehabt. Sie hat sie nur immer wieder kritisiert oder sie mit ihrem Jammern über die eigenen Altersbeschwerden genervt. Diese Frau wartet ihr Leben lang auf ein Wort der Anerkennung und Liebe von ihrer Mutter. Sie bedauert ihr schweres Schicksal: Nie ein liebendes Wort ihrer Mutter gehört zu haben ist ja in der Tat hart. Spirituell mit diesem Problem umzugehen, heißt, die klare Sicht Jesu zu akzeptieren: „Du wirst von deiner Mutter nie das Wort der Bestätigung und Liebe erfahren, nach dem du dich sehnst. Erst wenn du dich damit aussöhnst, bist du frei von dem Druck, deine Beziehung zur Mutter in Ordnung zu bringen. Du musst nichts in Ordnung bringen. Lass deine Mutter dort stehen, wo sie steht, und sorge du für dich selbst. Du musst dir selber Mutter sein und mütterlich mit dem verletzten Kind in dir umgehen." Solche klare Einsicht befreit mich von der Illusion, dass ich von der Mutter ein Wort der Anerkennung und Liebe erfahren müsste. Ich werde meine Mutter nicht mehr ändern. Ich kann nur an mir und meiner Einstellung zu ihr arbeiten. Ich bin für mein Leben verantwortlich. Es geht aber nicht nur darum, resigniert festzustellen, dass ich nie mehr ein Wort der Liebe von meiner Mutter hören werde. Vielmehr geht es darum, wo ich das finden kann, wonach ich mich im Tiefsten sehne. Ich kann mir selber Mutter sein. Aber darüber hinaus sehne ich mich nach einer mütterlichen Kraft, der ich mich anvertrauen kann. Für mich ist Gott der mütterliche Raum, in dem ich mich geborgen weiß. Gott soll hier keine Vertröstung sein. Vielmehr befreit mich der Blick auf Gott und seine bedingungslose Liebe von der Fixierung auf die menschliche Liebe, die ich zu wenig erfahren habe. Die Frau muss nicht an die Liebe Gottes glauben. Aber sie könnte sich in der Meditation in eine Kirche setzen, in der sie sich wohl fühlt, in der sie sich wie in einem Mutterschoß geborgen weiß. Dort könnte sie sich immer wieder das Wort vorsagen, das ihr Gott in der Taufe zugesprochen hat: „Du bist meine geliebte Tochter. An dir habe ich mein Wohlgefallen." Vielleicht geht dieses Wort an ihr vorbei oder es macht sie aggressiv, weil sie es nicht glauben und spüren kann. Aber wenn sie ihrer Ahnung traut, dass dieses Wort stimmen könnte, dann kann es sein, dass auf einmal ein tiefer Friede über sie kommt. Dann spürt sie, dass alles Bestreben, das Liebeswort der Mutter zu hören, in sich zusammenfällt, dass sie sich frei fühlt, geborgen und ganz sie selber.

Wir haben gesehen: Jesus heilt die Mutter, indem er ihr Widerstand leistet und sich von ihr abgrenzt. Gerade am Widerstand wächst die Frau. Diese Therapiemethode ist für uns eine Einladung, den eigenen Gefühlen bei den Gesprächen zu trauen. Wenn Ärger in uns auftaucht, dann hat es wenig Sinn, ihn zu verdrängen. Gerade geistliche Menschen sind in Gefahr, den Ärger zu entwerten und beiseite zu schieben. Sie sagen sich dann vor: „Ich darf das Gespräch nicht mit meinem Ärger infizieren. Die Frau kann nichts dafür, dass ich jetzt ärgerlich bin. Ich bin Priester, Seelsorgerin, ich will freundlich sein." Doch dann würden wir eine wesentliche Chance zur Heilung überspringen. Wir würden die ganze Verantwortung für die Frau auf uns nehmen. Gerade der Ärger zeigt uns, dass die Frau am Thema vorbeiredet, dass sie zwar leidet an ihrer Tochter oder an sich selbst, dass sie aber nicht bereit ist, etwas zu ändern. Vielleicht möchte sie uns alle Verantwortung zuschieben. Wir sollten uns anstrengen, damit ihr Problem gelöst wird. Jesus wehrt sich gegen solche Vereinnahmung. Indem er nein sagt zu den Wünschen der Frau, kommt die Frau an die eigentliche Problematik heran. So sollten geistliche Begleiter und Begleiterinnen den Mut haben, den eigenen Gefühlen zu trauen. Ärger und Aggressionen, die in uns auftauchen, sind ein wichtiger Indikator für das, was gerade im Gespräch abläuft. Sie wollen uns darauf aufmerksam machen, dass unser Gespräch nicht weiterführt, dass wir von der Gesprächspartnerin für ihre Zwecke benutzt werden. Dann aber wird das Gespräch nichts bringen. Wir werden nachher einen faden Geschmack im Mund haben, das Gefühl, dass es vertane Zeit war. Und der Frau wird es auch nichts nützen.

Eine Mutter erzählte, dass ihre Tochter ihr alle Kraft raube. Wenn die Tochter im Zimmer ist, kann die Mutter kaum atmen. Sie nimmt ihr die Luft weg. Die Mutter traut sich aber nicht, ihre Aggressionen der Tochter gegenüber zu zeigen, weil sie voller Schuldgefühle ist. Sie macht sich Vorwürfe, dass sie zu wenig für die Tochter getan hat, dass sie ihr nur die Brosamen gegeben hat. Die Meditation dieser Heilungsgeschichte hat ihr die innere Erlaubnis gegeben, ihren Widerstand ernst zu nehmen und sich ihrer Tochter gegenüber abzugrenzen. Die Aggressionen, die die Mutter in sich spürte, drängten sie dazu, selbst zu handeln, anstatt sich von der Tochter die Spielregeln für ihr Handeln vorschreiben zu lassen. Sie musste für sich selber sorgen. Dann liegt es in der Verantwortung der Tochter, für sich selbst zu sorgen, anstatt alles von der Mutter zu erwarten und sie mit ihren Übererwartungen auszusaugen.

Die Geschichte von der syrophönizischen Frau und ihrer vom Dämon besessenen Tochter kann heute sowohl dem Seelsorger und der Seelsorgerin als auch der begleiteten Frau genügend spirituelle Impulse geben, aus der Trübung des Dämons herauszukommen und in Klarheit den eigenen Weg zu gehen. Sie bietet uns Methoden an, wie wir mit unserer Mutterwunde umgehen können, ohne sie zu verdrängen, aber auch ohne den Leistungsdruck, sie selbst aufarbeiten zu müssen. Wir brauchen nicht zu warten, bis wir alle Verletzungen durchschaut und bearbeitet haben. Entscheidend ist, dass wir unser Selbst entdecken. Die Begegnung mit Jesus könnte uns helfen, in allen Verstrickungen unserer Lebensgeschichte und durch solche Verstrickungen hindurch dieses unverletzte und authentische Selbst zu erkennen und uns im Gebet immer wieder in das innere Heiligtum zurückzuziehen, in dem wir unverletzbar und schon ganz sind: in einen Raum also, wo die Verletzung durch andere keine Kraft besitzt. Dann werden wir unsere eigene Lebensspur finden, die dazu führt, dass unsere ursprüngliche und unversehrte Gestalt immer mehr zum Vorschein kommt.

Wir haben neben den biblischen Text das Märchen „Schneewittchen" gestellt. Das Märchen kann auch die Heilungsgeschichte in der Bibel beleuchten. Und ein Weg, auf dem die Mutterwunde geheilt werden kann, besteht darin, sein eigenes Lebensmärchen zu schreiben. Gerade wenn wir versuchen, in der Bildsprache eines Märchens unser Leben zu erzählen, werden wir die inneren Zusammenhänge unserer Lebensgeschichte in einem neuen Licht sehen. Wir werden den Sinn erkennen, der hinter allem steht, und den roten Faden entdecken, der sich durch alle Verwicklungen durchhält. Wer sein eigenes Lebensmärchen schreiben möchte, kann im folgenden Text Anregungen finden:

Der gläserne Sarg – Ein Lebensmärchen

Elf Jahre hatte Prinzessin Monara in dem gläsernen Tempel gelebt. In dieser langen Zeit hatte sie den Glauben daran verloren, dass das Leben noch auf sie wartete – das Leben mit seiner Freude, seiner Weite, seiner Lebendigkeit. Wie verloren kam sie sich vor, als sie den Tempel verließ, ohne Kraft, mutlos und verzweifelt. Es war ein schmerzliches Erwachen, das Monara erlebte, als sie ohne gläserne Maske plötzlich sah, in welch erstarrtem Zustand sie sich schon lange Zeit befunden hatte. Ihr war klar: Nie wieder wollte sie in diesen gläsernen Tempel zurückkehren. Nur dem mutigen Eingreifen eines kleinen Kobolds hatte sie es zu verdanken, dass sie dem Tod entkommen war und sich nun auf die Suche nach dem Land das Lebens machen konnte. Monara setzte sich auf einen Stein am Fluss, um auszuruhen. Ihre Gedanken schweiften zurück in die Vergangenheit.

Als fünftes Kind eines Königspaares war sie das Wunschkind ihres Vaters gewesen. Doch Monara erlebte ihren Vater nur selten, da er als großer Herrscher oft unterwegs war, um in seinem Reich nach dem Rechten zu sehen. Bereits ein Jahr nach Monaras Geburt starb ihre Mutter, und die Stiefmutter, die bald darauf zur Herrscherin ernannt wurde, fand nur wenig Gefallen an Monara. Eifersüchtig und neidisch bemerkte sie, wie sehr der König an diesem Kind hing. So wurde Monara dem Schutz einer Amme anvertraut, die sie hütete und pflegte. Tief in ihrem Herzen sehnte die kleine Prinzessin sich verzweifelt nach ihrer verstorbenen Mutter. Sie konnte es nicht verstehen, wenn die großen Leute sagten, dass ihre Mutter im Himmel sei. Wo, dachte Monara verzweifelt, wo ist dieser Himmel? Er muss doch zu finden sein. Doch die großen Leute fanden keine Antwort auf Monaras Frage und so beschloss sie eines Tages, sich auf die Suche nach ihrer Mutter zu begeben. Viele Tage und Monate irrte sie durch das ganze Land, nur begleitet von ihrem kleinen

Freund Singuar, dem sie alles erzählen konnte, was ihre Seele bewegte. Singuar war ihr Hund und er allein verstand ihre Sehnsucht und Suche. Eines Tages entdeckte Monara an einem kleinen, abgelegenen See die Hütte eines Goldschmieds namens Tieflis. Dieser lud die Prinzessin ein, bei ihm zu wohnen, und Monara war glücklich, endlich wieder einen Ort zu haben, an dem ihr Herz zu Hause sein durfte. Der Goldschmied wusste wunderbare Geschichten vom Leben zu erzählen und verstand es, Monaras Vertrauen zu gewinnen. Allmählich vergaß sie sogar die Suche nach ihrer Mutter. Tieflis beruhigte ihre gequälte Seele und weckte sie auf für die Schönheit des Lebens. Monara spürte, wie sie sich langsam verwandelte, wie der Panzer der Trauer von ihrer Seele fiel und das Herz sich regte. Zum erstenmal erahnte die Prinzessin etwas vom Geheimnis der Liebe. Doch ihr Glück dauerte nicht lange an, denn Tieflis teilte ihr eines Tages überraschend mit, dass er fortziehen würde, um zu heiraten. Von nun an müsse sie wieder allein ihres Weges ziehen. Eine tiefe Trauer überkam Monara. Ein nie gekannter Schmerz durchfuhr ihren ganzen Körper und sie konnte sich nicht vorstellen, dass ein Leben ohne Tieflis noch einen Sinn haben würde. Mit schwerem Herzen machte sie sich auf den Weg. Nicht nur Tieflis hatte sie verlassen, nein, auch ihr kleiner Freund Singuar war inzwischen gestorben und so hatte sie niemanden mehr, dem sie von ihrem großen Schmerz erzählen konnte. Die Sehnsucht nach ihrer Mutter erwachte aufs Neue. Wehmütig schloss sie alle Gefühle in sich ein.

Nur kurze Zeit war vergangen und sie überquerte gerade einen Fluss, als ein hübscher, silbergrauer Wolf ihr entgegenkam. Er grüßte so freundlich, dass es Monara ganz warm ums Herz wurde. „Wohin willst du?“, fragte er sie mit samtener Stimme. „Ich bin auf der Suche nach meiner Mutter“, antwortete Monara. „Kannst du mir dabei helfen?“ „Natürlich“, erwiderte der Wolf. „Doch ruh' dich erst ein wenig bei mir aus. Mein Haus steht dir offen. Hab nur Vertrauen, ich tu dir nichts!“

So ging Monara mit in sein Haus und blieb sieben Jahre bei ihm. Sie war froh, auf diese Weise ihrer Einsamkeit zu entkommen. Da die Prinzessin bei ihm wohnen durfte, bot sie gern ihre Dienste an. Sie tat, was er gebot, und versuchte ihm jeden Wunsch zu erfüllen. Doch schon bald erfuhr Monara, dass die Freundlichkeit nur die eine Seite des Wolfes war. Tief in seinem Wesen war er reißend und unbezähmbar. Es gab Tage, an denen er Monara zwischen seinen Zähnen zerriss, um sie dann wieder liebevoll zu pflegen. Als es eines Tages besonders schlimm war und Monara wieder seinen Klauen zum Opfer fiel, beschloss sie, bei Nacht zu flüchten. Vielleicht würde es ihr ja doch noch gelingen, die Mutter wieder zu finden. Bei ihr könnte sie sicher sein und endlich wieder ein Zuhause haben. Sie packte ihr kleines Bündel und lief davon. Doch alsbald hatte der Wolf ihr Verschwinden bemerkt und stellte ihr mit großen Sprüngen nach.

Monara überfiel eine furchtbare Angst. Tränen der Verzweiflung liefen ihr über die Wangen. Wohin konnte sie nur flüchten? Wer konnte ihr in diesem großen Wald schon eine sichere Unterkunft gewähren? Sie stolperte über Wurzeln, ihre Haut zerriss am Dornengestrüpp, das sie mit schnellen Schritten durcheilte, ihr Atem keuchte. Verzweifelt brach sie schließlich zusammen. Sollte der Wolf sie finden, wäre sie verloren. Vor lauter Erschöpfung fiel sie in einen tiefen Schlaf, so tief, dass die gläsernen Feen, die Monara vor ihrem gläsernen Tempel fanden, sie nicht aufzuwecken vermochten. Man trug die Prinzessin in den Tempel und legte sie zu Füßen einer Göttin. Dort erwachte sie, nachdem sie drei Tage und drei Nächte geschlafen hatte. „Wo bin ich? Wer seid ihr?" fragte sie die gläsernen Nixen voll Erstaunen. „Wie bin ich hierher gekommen?"

Mit verhaltenen Stimmen stellten sich die Feen vor und erklärten ihr, dass sie der Göttin des Lebens dienen würden. Wenn sie wolle, könne auch sie in deren Dienst treten. Es würde ihr Sicherheit und Schutz gewähren. Oh, wie sehr sehnte sich Monara danach. Nichts lieber als das. Die Suche nach ihrer Mutter würde sie später fortsetzen.

Die gläsernen Feen nahmen sie in ihren Kreis auf. Sie behandelten Monara freundlich und schon bald fühlte die Prinzessin, dass die Göttin des Lebens für sie zur Mutter wurde. Der Wunsch, die eigene Mutter zu suchen, verblasste. So lebte sie Tag für Tag im gläsernen Tempel hinter gläsernen Türen, ausgegrenzt von der Welt, inmitten gläserner Feen. Die Göttin war der Mittelpunkt all ihren Tuns, ihres Denkens und Handelns. Im Laufe der Zeit gewöhnte sich Monara daran, doch bemerkte sie nicht, dass sie dabei ihre Lebendigkeit verlor. Das Leben hinter Glas wurde zu einem Leben aus Glas. Die Beziehung zu den anderen war nur durch Glaswände möglich. Man sah sich, hörte sich, doch es gab keine Berührung untereinander. So fraß sich die Einsamkeit erneut in Monaras Seele. Das Glas schützte und erstickte sie zugleich. Das Wissen um ihre eigene Person ging so weit zurück, dass sie schließlich vergaß, welchen Namen sie trug. Alles in ihr war wie tot. Sie fühlte sich wie ein abgestorbener Baum.

Doch eines Nachts, als all ihre Hoffnung auf Leben nur noch wie ein kleiner Funke in Monara glühte, stand plötzlich ein kleiner Kobold an ihrem Bett und küsste sie. Da zersprang das Glas, das sie umgab, mit lautem Getöse in unzählige kleine Splitter. Monara stand auf und folgte dem Kobold in das Licht des heranbrechenden neuen Tages.

Langsam kehrten Monaras Gedanken in die Gegenwart zurück. Der Fluss beruhigte sie mit seinem gleichmäßigen Gemurmel. Noch kam Monara nicht darüber hinweg, dass der kleine Kobold so plötzlich verschwunden war. Was sollte sie nur ohne seine Hilfe tun? Sich wieder auf den Weg machen?

Ja, so sollte es wohl sein. Doch dieses Mal wollte sie sich nicht mehr auf den Weg machen, um ihre Mutter zu suchen. Nein, dieses Mal würde sie aufbrechen, um ihrer Sehnsucht zu folgen und das Leben im Leben zu finden. Ja, sie spürte, dass ihre Sehnsucht nach Leben und nach einer Liebe, die sie empfangen und verschenken konnte, ihr ganzes Wesen durchzog.

Ob das möglich war?

Epilog

Vier Jahre später traf ich Monara. Ich spürte ihr an, dass sie das Leben, ja, sich selbst, gefunden hatte. Sie war in ihrem eigenen Herzen angekommen.

6. Die Beziehung zwischen Vater und Sohn. „Mein Sohn ist von einem stummen Geist besessen“ (Mk 9,14–29)

„Als sie zu den anderen Jüngern zurückkamen, sahen sie eine große Menschenmenge um sie versammelt und Schriftgelehrte, die mit ihnen stritten. Sobald die Leute Jesus sahen, liefen sie in großer Erregung auf ihn zu und begrüßten ihn. Er fragte sie: Warum streitet ihr mit ihnen? Einer aus der Menge antwortete ihm: Meister, ich habe meinen Sohn zu dir gebracht. Er ist von einem stummen Geist besessen; immer wenn der Geist ihn überfällt, wirft er ihn zu Boden, und meinem Sohn tritt Schaum vor den Mund, er knirscht mit den Zähnen und wird starr. Ich habe schon deine Jünger gebeten, den Geist auszutreiben, aber sie hatten nicht die Kraft dazu. Er aber sagte zu ihnen: O du ungläubige Generation! Wie lange muss ich noch bei euch sein? Wie lange muss ich euch noch ertragen? Bringt ihn zu mir! Und man führte ihn herbei. Sobald der Geist Jesus sah, zerrte er den Jungen hin und her, so dass er hinfiel und sich mit Schaum vor dem Mund auf dem Boden wälzte. Jesus fragte den Vater: Wie lange hat er das schon? Der Vater antwortete: Von Kind auf; oft hat er ihn sogar ins Feuer oder ins Wasser geworfen, um ihn umzubringen. Doch wenn du kannst, hilft uns; hab Mitleid mit uns! Jesus sagte zu ihm: Wenn du kannst? Alles kann, wer glaubt. Da rief der Vater des Jungen: Ich glaube; hilf meinem Unglauben! Als Jesus sah, dass die Leute zusammenliefen, drohte er dem unreinen Geist und sagte: Ich befehle dir, du stummer und tauber Geist: Verlass ihn, und kehr nicht mehr in ihn zurück!

Da zerrte der Geist den Jungen hin und her und verließ ihn mit lautem Geschrei. Der Junge lag da wie tot, so dass alle Leute sagten: Er ist gestorben. Jesus aber fasste ihn an der Hand und richtete ihn auf, und der Junge erhob sich. Als Jesus nach Hause kam und sie allein waren, fragten ihn seine Jünger: Warum konnten denn wir den Dämon nicht austreiben? Er antwortete ihnen: Diese Art kann nur durch Gebet ausgetrieben werden."

Um die Heilung der Vater-Sohn-Beziehung geht es im neunten Kapitel des Markusevangeliums. Da ist ein Junge, der von einem stummen Geist besessen ist. Der Dämon, der den Jungen besetzt hält, verweist auf die Verstrickung zwischen Vater und Sohn. Man kann nicht sagen, dass der Vater an der Krankheit des Sohnes schuld ist. Es geht auch in diesem Fall nicht um Schuld, sondern um eine von beiden Seiten her misslungene Beziehung. Der Vater sagt von seinem Sohn, dass er von einem stummen Geist besessen sei. Der Sohn ist also offensichtlich verstummt. Er kann vor dem Vater nicht reden. In der Beziehung zu ihm hat er keinen Raum gefunden, über sich und seine Gefühle zu sprechen. Es gab keine Kommunikation mehr zwischen den beiden. Sie hatten sich nichts zu sagen.

Die Möglichkeiten eines psychischen Szenarios dieser Beziehung liegen auf der Hand: Vielleicht verweist der stumme Geist des Sohnes auch auf das Stummsein des Vaters. Vermutlich war auch der Vater nicht fähig, seine wirklichen Gefühle auszudrücken. Die Stummheit des Sohnes spiegelt die innere Situation des Vaters wider. Weil der Vater innerlich verstummt ist, kann er dem Sohn keinen Raum anbieten, in dem er über seine Gefühle sprechen kann. Wann verschlägt es uns denn die Sprache? Wir verstummen vor Schreck oder vor Angst. Wir können also vermuten, dass der Vater Angst vor den Aggressionen des Sohnes hat. Vielleicht hat er versucht, ihn dazu zu erziehen, brav und angepasst zu sein. Als das nichts nützte und sich dennoch die Aggressionen des Sohnes regten, hat er sie aus ihm herausgeprügelt und ihn mundtot gemacht. Der Sohn hat die Zähne zusammengebissen. Weil der Vater seine eigenen Aggressionen nicht anschauen konnte, zwang er den Sohn, sie zu unterdrücken. Doch sie lassen sich nicht einfach wegstecken. Wenn der Sohn sie nicht angemessen äußern darf, dann werden die aggressiven Kräfte immer stärker. Sie zerren den Jungen hin und her. Sie werfen ihn zu Boden, und Schaum tritt vor den Mund. Der Sohn richtet die Aggressionen gegen sich selbst. Aber zugleich agiert er sie auch gegen den Vater aus. Wenn der Sohn sich am Boden hin und her wälzt, dann gilt seine Wut letztlich dem Vater. Aber er wagt es nicht, die Wut dem Vater gegenüber bewusst zu zeigen. Er hat Schuldgefühle und wagt es aus diesem Grund nicht, dem Vater aggressive Worte an den Kopf zu werfen. So versteckt er seinen Zorn auf den Vater in den Anfällen, die wie Epilepsie aussehen. Der Vater versteht nicht, was diese Anfälle bedeuten. Er sieht nur, dass mit dem Sohn etwas nicht stimmt. Er sucht nach Hilfe. Ein anderer soll den ungebärdigen Sohn heilen und ihn dadurch in einen anständigen Sohn verwandeln, mit dem er sich nicht vor den andern schämen muss.

Es ist ein stummer und tauber Geist, der den Sohn quält. Die Stummheit ist mit Taubheit verbunden. Das deutsche Wort „taub" heißt ursprünglich „nicht hörend, nicht empfindend, nichts denkend, unsinnig, abgestorben, dürr, verstockt". Wenn die Verletzungen zu schmerzlich werden, dann bleibt dem Sohn nichts anderes übrig, als empfindungslos, „apathisch" zu werden. Damit schützt er sich gegen den übergroßen Schmerz. Aber er verliert dabei den Kontakt zur Umwelt. Er wird von der Beziehung zu den Menschen abgeschnitten und verdorrt. Er will nichts mehr hören. Alle Versuche, mit ihm in Kontakt zu treten, müssen scheitern. Das Wort „taub" hängt von seiner Wortwurzel her auch mit „toben" zusammen. Wer taub ist, wer empfindungslos wird, der tobt sich aus. Er hat kein Gespür mehr für sich und für die andern. Er merkt gar nicht, was er mit seinem Toben anrichtet. Seine Tobsuchtsanfälle sind der einzige Weg, seine Aggressionen auszuagieren und dabei sich selbst zu spüren. Der Empfindungslose spürt sich selber nur, wenn er zerstört und andere mit Füßen tritt. Er hat keine andere Sprache, als in diesen Anfällen seine Wut und zugleich seine Sehnsucht nach Liebe und Nähe auszudrücken. Letztlich ist der stumme Schrei des Tauben und Empfindungslosen ein einziger Schrei nach Zärtlichkeit, nach einem Menschen, der ihn in den Arm nimmt und ihm vermittelt, dass er willkommen ist.

Es gibt auch noch andere Wege, seine Wut zu verdrängen. Manche Männer verstecken ihre Wut hinter einer Fassade von Sanftheit. Sie flüstern nur noch und haben eine ganz sanfte Stimme. Doch dahinter spürt man das Chaos des verdrängten Zorns heraus. Sie müssen sich schützen vor den eigenen Aggressionen. Wenn sie normal sprechen würden, würde ihre ganze Wut herausplatzen. Und wenn man sie auf ihre sanfte Stimme anspricht, dann hören sie in der Regel gar nicht hin oder verstehen nicht, was man meint. Sie seien doch niemals wütend gewesen. In Wirklichkeit versteckt sich hinter ihrer Stummheit und Taubheit ein ganzes Heer voller eingezwängter Aggressionen.

Der Junge knirscht mit den Zähnen. Dahinter verbirgt sich seine Wut. Die Zähne sind ein Symbol für das Zupacken, Zubeißen. Wenn wir z.B. davon träumen, dass uns die Zähne ausfallen, dann sagt uns dieser Traum nichts über den Zustand unserer Zähne aus. Vielmehr möchte er uns anzeigen, dass wir unsere Aggressionskraft verloren haben. Wir müssen wieder lernen, das Leben anzupacken, bei den Problemen zuzubeißen und uns in gesunder Weise abzugrenzen. Die Aggression des Jungen äußert sich noch in anderen Symptomen: Schaum tritt ihm vor den Mund und er wird starr. Wir sagen, dass jemand „vor Wut schäumt". Der Schaum ist also Ausdruck einer Wut, die man nicht mehr zurückhalten kann. Man kann sie nicht in Worte kleiden. So sucht sie nach einem nonverbalen Ausdruck. Und sie lässt den Jungen starr werden. Sie blockiert ihn. Wenn die Angst vor der eigenen Aggression zu stark wird, erstarrt der Mensch. In der Erstarrung versucht er die angestaute Wut im Zaum zu halten. Doch die Erstarrung ist wie ein Vulkan, auf dem der Junge sitzt. Wenn der innere Vulkan losgeht, dann werden alle in der Umgebung mit der feurigen Lava überschwemmt, die da aus ihm herausquillt.

Die Heilung des Vaters

Jesus geht mit jedem Kranken anders um. Er hat ein feines Gespür dafür, wo der andere steht und was er braucht. In dieser Geschichte lässt er sich zuerst den Jungen bringen. Er will ihn sehen. Jesu Therapie geht über das Schauen. Er sieht, was ist. Er sieht hinter die Dinge. Er sieht das Eigentliche. Kaum ist der Junge vor ihm, zerrt der Geist ihn vor seinen Augen hin und her, „so dass er hinfiel und sich mit Schaum vor dem Mund auf dem Boden wälzte" (Mk 9,20). Jesus sieht also, was im Jungen vor sich geht. Er erkennt seine Krankheit. Indem er auf den Leib sieht, versteht er, woran die Seele krankt.

Sobald Jesus gesehen hat, was mit dem Sohn los ist, wendet er sich dem Vater zu. Er lässt sich vom Vater die Krankheitsgeschichte erzählen. Er möchte nicht nur sehen, sondern auch hören, wie der Vater den Jungen sieht. Er möchte den Vater hören, seine Stimme erhorchen, um zu erkennen, was da nicht stimmig ist. Jesus fragt nicht nach den Ursachen und nach der Schuld des Vaters oder des Sohnes. Er möchte nur wissen: „Wie lange hat er das schon?" (Mk 9,21). Vielleicht stellt er diese Frage, damit der Vater überlegt, ob es im Laufe der Jahre einen Einschnitt bei seinem Sohn gegeben hat, ein besonderes Ereignis, durch das sich das Verhalten des Sohnes geändert hat. Mit der Frage will Jesus den Vater einladen, die Lebensgeschichte des Sohnes genauer anzuschauen. Wie hat er sich entwickelt? War er als Kind schon stumm und taub? Wann war er jähzornig und warum? Was hat ihn wütend gemacht? Wo war er ängstlich oder empfindlich? Wie habe ich meinen Sohn erlebt? Was ist in ihm vorgegangen? Den ersten Schritt der Heilung muss der Vater tun. Es ist ein Schritt zurück, ein Schritt, der ihn in einen gesunden Abstand zu seinem Sohn bringt. Der Vater soll sich an alles erinnern, was zwischen ihm und dem Sohn vorgefallen war. Der Vater soll die Beziehungsgeschichte anschauen. Vielleicht geht ihm dann ein Licht auf über das Wesen der Krankheit seines Sohnes. Therapeutisch gesehen ist das die Anamnese, die Erhellung der Lebensgeschichte. Die Anamnese ist die Voraussetzung für Diagnose und Therapie.

Die Frage Jesu lässt es aus dem Vater nur so heraussprudeln: „Von Kind auf; oft hat er ihn sogar ins Feuer oder ins Wasser geworfen, um ihn umzubringen" (Mk 9,22). Weil der Vater sich nicht bewertet fühlt, kann er frei erzählen, was mit seinem Sohn geschehen ist und wie der Dämon sich bei ihm äußert. Es ist schon eine Form der Therapie, wenn Jesus den Vater erzählen lässt. Indem der Vater seine Angst in Worte fasst, indem er erzählen darf, was er mit dem Sohn erlebt hat, indem er seine Hilflosigkeit ausdrücken darf, wird er frei von dem inneren Druck, der sich in ihm angestaut hat. Die Beziehung zwischen Vater und Sohn war in eine Sackgasse geraten. Beide wussten nicht mehr weiter. Indem der Vater Jesus alles sagt, was in ihm ist, kommt etwas in ihm in Bewegung. Die Gefühle des Vaters lösen sich aus der Erstarrung. Sie beginnen zu fließen und so kann auch im Sohn etwas in Fluss kommen.

Exkurs: Der geschlagene Sohn agiert seinen Vaterhass an anderen aus

Was Markus hier von diesem besessenen Sohn schreibt, das können wir erweitern durch die Geschichten vieler Söhne, die von ihren Vätern geschlagen und stumm gemacht wurden. Ein sicher extremes, aber in unserem Zusammenhang auch aufschlussreiches Beispiel ist etwa die Geschichte Hitlers, die Alice Miller in ihrem Buch „Am Anfang war Erziehung" von der psychologischen Entwicklung her beschrieben hat. Wenn wir Hitlers Verhalten von seiner Erziehung als *einem* Einflussfaktor her deuten, ist das natürlich keine Entschuldigung für das entsetzliche Unrecht, das er angerichtet hat. Es soll vielmehr zeigen, welch fatale Folgen die nicht bearbeitete Vaterbeziehung – auch über eine individuelle Biographie hinaus – haben kann. Auch dieser Blick in die Zeitgeschichte macht eindrücklich klar: Wir sind herausgefordert, unsere Vaterwunden anzuschauen und zu bearbeiten, damit sie heilen können. Sonst werden wir unsere Vaterwunden weitergeben. Wir werden andere schlagen, weil wir selbst geschlagen wurden. So wird der Teufelskreis der Verletzung weitergehen. Es ist daher auch eine gesellschaftliche Verantwortung, uns mit unseren Vaterwunden auszusöhnen, damit der Teufelskreis der Gewalt aufgebrochen wird.

Der Vater Hitlers, Alois Hitler, war unehelich geboren. Zudem war nicht ganz klar, ob Hitlers Großvater ein Grazer Jude war oder ein armer Müllergeselle. Alois Hitler versuchte die Schmach seiner Geburt auszumerzen, indem er ehrgeizig seine berufliche Laufbahn verfolgte und schließlich zum Zollamtsoberoffizial befördert wurde. Ihm war wichtig, immer mit diesem Titel angeredet zu werden. Streng, genau und pedantisch, war er im Beruf das Vorbild eines pflichtbewussten Beamten. Aber daheim agierte er seine unterdrückten Aggressionen an seinem Sohn Adolf aus. Da hat er wohl die blinde Wut über die Erniedrigungen seiner eigenen Kindheit in seinen Sohn hineingeschlagen. Täglich wird Adolf von seinem jähzornigen und unberechenbaren Vater erniedrigt. Den Hass seinem Vater gegenüber, der sich in seinem Sohn Adolf immer mehr anstaute, konnte er nicht direkt ausleben. Denn gegenüber dem Vater hatte er keine Chance. Um nicht in der Erniedrigung stecken zu bleiben, setzt er seinen Ehrgeiz darin, keinen Schmerz zu zeigen, sondern die Zähne zusammenzubeißen und schweigend die Schläge zu zählen, die er vom Vater erhält. Doch der Hass wird durch den unterdrückten Schmerz immer größer. Und er will nach außen kommen. Das Kind drückt seine Aggressionen in der Schulverweigerung aus. Obwohl Adolf durchaus intelligent ist, werden seine Leistungen in der Schule immer schlechter. Als Erwachsener agiert Hitler seine ganze Wut dem Vater gegenüber aus. Seine Politik kann auch unter diesem biographisch-psychologischen Aspekt gesehen werden: als einziges Ausagieren des in der Kindheit aufgestauten Hasses. Weil er sich seinen Hass nicht bewusst gemacht hat, lebt er ihn aus. Er wird von diesem Hass bestimmt und getrieben. Der Hass hat keine Grenzen, weil er nicht angeschaut wurde. Hitlers Wut über die Juden steigert sich ins Unermessliche, als er 1930 mit der Möglichkeit konfrontiert wird, dass sein Großvater Jude war. Und so will er letztlich in den Juden seinen Vater und Großvater ermorden. Er will an ihnen all die Schmach rächen, die er durch seinen Vater erfahren hat. „So wie der Jude jetzt keine Chance hatte, konnte einst das Kind Adolf den Schlägen seines Vaters nicht entgehen, denn die Ursache der Schläge waren ja die ungelösten Probleme des Vaters" (Miller 191f). Seine Anordnung, dass jeder einen arischen Nachweis bis ins dritte Geschlecht zu erbringen habe, ist ein Versuch, seine eigene dunkle Herkunft auszuradieren. Doch alle Versuche Hitlers, seinen als Kind verdrängten Hass an den Juden auszuagieren, befreit ihn nicht von der tief sitzenden Angst vor seinem Vater. Der Hiltler-Vertraute Rauschning – so Miller – berichtet, dass Hitler nachts oft mit Schreikrämpfen aufwache. Er schreit um Hilfe. Taumelnd steht er im Zimmer und blickt irr um sich her. Er keucht: „Er! Er! Er ist dagewesen“ (zit. bei Miller 205). Und schließlich sagt er Zahlen vor sich her. Als Kind hat er die Zähne zusammengebissen und schweigend die Schläge gezählt, die der Vater ihm gab. Die Kinderpsychoanalytikerin Alice Miller kommentiert diese Albträume Hitlers: „Die ganze Welt hätte als Opfer nicht ausgereicht, um den verinnerlichten Vater von Adolf Hitlers Schlafzimmer fernzuhalten, denn das eigene Unbewusste wird mit der Vernichtung der Welt nicht vernichtet“ (ebd. 205). Auch wenn diese Sicht selbstverständlich nicht das ganze Phänomen Hitler erklären kann, klar bleibt doch für unseren Zusammenhang: Anstatt sich seiner Vaterwunde zu stellen und sie in einer Therapie zu bearbeiten, hat Hitler sie an den Juden und an allen Menschen, die er erniedrigen konnte, ausagiert. Er hätte immer weitergemordet, ohne je frei zu werden von seinem Vaterhass. Denn das Ausagieren ist nur ein Verlagern der Vaterwunde nach außen. Aber es heilt nicht. Im Gegenteil, es erzeugt einen Strudel von Gewalt und Gegengewalt. Das Fatale ist, dass dieser Strudel die ganze Welt mit ins Unheil gerissen hat.

Der vom Dämon besessene Junge

Der junge Mann im Evangelium agiert – dem, was wir gerade bei Hitler sahen, darin nicht unähnlich – seinen Vaterhass in seiner Umwelt aus. In seinen Anfällen zeigt er seiner Umwelt, was in ihm an Hass und Wut steckt. Aber im Gegensatz zu Hitler agiert der Sohn seine Aggression nur symbolisch aus. Er schlägt keine anderen Menschen. Nur im Anfall zeigt er, dass sich seine Wut eigentlich gegen den Vater richtet. Er möchte am liebsten den Vater zu Boden zerren und ihn mit den Zähnen zerreißen. Aber es gibt in dem Jungen eine innere Instanz, die ihn davon abhält. Wenn er seine Wut wirklich dem Vater zeigen und ihm die Schläge zurückgeben würde, würde er von Schuldgefühlen übermannt. Aus Angst vor diesen Schuldgefühlen richtet er die Aggressionen gegen sich selbst. Er knirscht mit den Zähnen und wird starr. Er wälzt sich hin und her. Er schadet sich selbst mit seinen Anfällen. Er richtet sich selbst zugrunde. Aber zugleich drückt sich in dieser Autoaggression auch die Wut gegenüber dem Vater aus. Indem sich der Junge selbst zerstört, zerstört er einen Teil des Vaters. Er verletzt den Vater damit. Vielleicht weidet er sich an der Hilflosigkeit des Vaters, der ohnmächtig den Anfällen des Sohnes zusehen muss.

Und der Vater? Weil der sich selbst nicht in der Hand hatte, wollte er wenigstens den Sohn in der Hand haben. In ihm wollte er seine eigenen Aggressionen in den Griff bekommen. Jetzt muss er bekennen, dass ihm das misslungen ist. Vielleicht wollte der Vater auch, dass der Sohn nach außen hin brav und angepasst ist, dass er seine Pflicht erfülle und funktioniere. Der Vater möchte mit seinem Sohn vor den Leuten gut dastehen. Wenn der Sohn in der Schule versagt, dann ist das auch für den Vater eine Schande. Das darf nicht sein. Wenn der Sohn andere Kinder schlägt und ihnen gegenüber seine Aggressionen auslässt, dann fällt das auf den Vater zurück. Manche Väter wollen das nicht wahrhaben und schieben daher die Schuld auf die andern. Aber irgendwann müssen die Väter dann akzeptieren, dass ihr Sohn nicht so geworden ist, wie sie sich das erhofft hatten. Und vielleicht erkennen sie dann, dass die Art des Sohnes auch mit ihnen und ihrer Erziehung zu tun hat.

Der Dämon wirft den Sohn ins Feuer und Wasser. Feuer steht im Traum immer für Leidenschaft, Sexualität und Aggression. Wasser ist ein Bild für das Unbewusste. Wenn wir von Bächen träumen, die anschwellen und über die Ufer treten, so ist das ein Bild für das Unbewusste, das unser Bewusstsein überschwemmt. Wir haben keinen Stand mehr, von dem aus wir all das, was aus den Tiefen unserer Seele aufsteigt, beurteilen können. Das Unbewusste überflutet uns. Wir können nicht mehr klar denken. Wie das aussehen kann, wenn ein Mann von seinem Unbewussten überschwemmt wird, haben wir am Beispiel Hitlers gesehen, der sein aufgestautes Unbewusstes auf das Volk projizierte und mit seinen Minderwertigkeitskomplexen und Hassgefühlen, mit seiner Entwertung der Juden das Unbewusste eines ganzen Volkes angesprochen hat. Das erniedrigte deutsche Volk war offen für diese verdrängte Wut und für die Möglichkeit, die eigene uneingestandene Minderwertigkeit auf andere „abzuladen". So hat Hitlers Ausagieren seines verdrängten Hasses die im Unbewussten angestaute Wut vieler Deutscher losgetreten und damit eine Lawine von Hass und Vernichtung über die ganze Welt ausgelöst. Es hat die Köpfe intelligenter Menschen erfasst und sie vergiftet. Denn die unbewussten Tendenzen sind stärker als rationale Überlegungen.

Das Bild des Feuers steht aber – tiefenpsychologisch gesehen – nicht nur für Aggressivität, es ist vor allem ein Bild für Sexualität. Wie oft erleben wir, dass Menschen, die keine Möglichkeit haben, über ihre sexuellen Regungen zu sprechen und sie offen anzuschauen, von ihrer Sexualität beherrscht werden. Doch nach außen hin wirken sie oft gehemmt. Sie verdrängen ihre Sexualität. Aber je mehr sie sie verdrängen, desto stärker sind sie darauf fixiert. In ihrem Gehemmtsein versuchen sie, die Sexualität im Zaum zu halten. Doch sobald die Sexualität angestachelt wird, sobald sie von einem Menschen sexuell angeregt werden, der schwächer ist als sie selbst, kennen sie keine Grenzen mehr. Da bricht aus ihrer Hemmung eine ungehemmte sexuelle Kraft hervor, die andere mit ins Verderben reißt. Gerade so gehemmte Menschen sind es oft, die Kinder sexuell missbrauchen oder gar ermorden. Je mehr die Sexualität verdrängt wird, desto stärker lodert im Innern das Feuer, das nur darauf wartet, aus dem Vulkan der Erstarrung auszubrechen und andere zu verbrennen. Wer nicht in Beziehung zu seiner Sexualität steht, kann sich von ihr auch nicht distanzieren. Er wird von ihr ins Feuer geworfen, und er wird auch andere im Feuer seiner unterdrückten Leidenschaft verbrennen.

Wenn es in der Geschichte also heißt, dass der Dämon den Sohn ins Feuer wirft, schwingen auch diese bildhaften Bedeutungen von destruktiver Kraft mit.

Auch du kannst deinen Sohn heilen

Nachdem der Vater Jesus die Krankengeschichte seines Sohnes erzählt hat, bittet er ihn, ihn zu heilen: „Wenn du kannst, hilf uns; hab Mitleid mit uns!“ (Mk 9,22). Mit seiner Bitte hat der Vater die Beziehung im Blick. Er sagt nicht, dass Jesus seinem Sohn helfen sollte, sondern „uns“, d.h. ihrer verkorksten Beziehung, in der einer dem andern wehtut. Jesus hat sicher Mitleid mit dem Vater und dem Sohn. Aber er lässt sich nicht vom Vater benutzen, sein Problem möglichst schnell und schmerzfrei zu lösen. Vielmehr konfrontiert er den Vater mit seinen eigenen Worten. Er zeigt ihm auf, dass sein Unglaube der Grund ist, warum der Sohn nicht über sich reden kann. Der Vater hat den Sohn klein gehalten. Er hat nicht an den guten Kern geglaubt. So haben sie sich gegenseitig blockiert. Der Vater hat in seiner Angst vor den Aggressionen des Sohnes ihm diese herausgeprügelt – bis zum Verstummen. Aber der hat sich am Vater gerächt, indem er ihn durch seine Anfälle in die Hilflosigkeit gestürzt hat. Jetzt weiß der Vater nicht mehr weiter. Er leidet an der Krankheit des Sohnes. Beiden geht es nicht gut. Trotzdem machen sie dieses gegenseitige Spiel der Verletzung und Blockierung weiter.

Jesus nimmt sich zuerst den Vater vor, der in der stärkeren Position ist: „Wenn du kannst? Alles kann, wer glaubt" (Mk 9,23). Mit diesem Wort möchte Jesus dem Vater sagen: „Auch in dir ist die Kraft der Liebe, die Kraft, den Sohn anzunehmen und an ihn zu glauben. Auch du kannst deinen Sohn heilen. Du brauchst nur zu glauben. Glaube an deinen Sohn, glaube daran, dass auch in ihm ein guter Kern steckt, dass auch er sich danach sehnt, ein guter Sohn zu sein, ein Mensch, dessen Leben gelingt, dessen Leben zum Segen wird für andere." Jesus zwingt den Vater, erst über sich selbst nachzudenken und sich selbst zu erkennen. Viele Väter würden die Probleme gerne nur beim Sohn sehen. Der Sohn ist ja krank, nicht der Vater. Doch Jesus lässt sich darauf nicht ein. Er stellt den Vater in Frage: „Glaubst du wirklich an deinen Sohn?"

Der Vater versteht diese Frage und darin die Aufforderung zur Selbsterkenntnis. Er bekennt seinen Unglauben und schreit seine Sehnsucht heraus, doch glauben zu können: „Ich glaube; hilf meinem Unglauben!" (Mk 9,24). Er möchte doch an den Sohn glauben, an den guten Kern in ihm, an die Möglichkeit, dass er zu seiner wahren Gestalt findet. Aber er kann es nicht. Offensichtlich hat sich in seinem eigenen Kopf die Angst und das Misstrauen gegenüber sich selbst und seinem Sohn so festgesetzt, dass er sich davon nicht lösen kann. Er hat das Misstrauen seines eigenen Vaters so verinnerlicht, dass er unfähig ist, seinen Sohn mit anderen Augen anzusehen. Er spürt sein eigenes Defizit und seine Ohnmacht. Aber weil er aufhört, seine Probleme auf den Sohn zu projizieren, weil er sich seiner eigenen Wahrheit stellt, kann in ihm Verwandlung geschehen und dann auch im Sohn.

Der Vater hört auf, seine Probleme mit denen des Sohnes zu vermischen. Das klärt auch die Beziehung zwischen Vater und Sohn. Jeder kann sich nun seinen eigenen Problemen stellen.

Und der Junge erhob sich

Jesus weiß, dass es nicht genügt, nur den Vater zu behandeln. Das verworrene Beziehungsgeflecht zwischen Vater und Sohn kann nur gelöst werden, wenn beide mithelfen. Denn beide haben sich ineinander verstrickt. Auch der Sohn hat sich in seiner Rolle eingerichtet. Er hatte ja Vorteile in seinem Verhalten und gebrauchte es als Machtmittel gegenüber dem Vater. Er konnte sich mit seinen Anfällen am Vater rächen. Wenn der Vater ohnmächtig und hilflos reagierte, wenn er in Angst geriet, so war das ein heimlicher Triumph des Sohnes. Er agierte seine Aggressionen durch seine Anfälle aus. Heilung besteht für Jesus darin, den Vater und den Sohn aus der gegenseitigen Verstrickung zu lösen und jeden mit sich selbst und mit der eigenen Wahrheit zu konfrontieren. Jeder soll zuerst zu sich selbst finden. Dann kann er auch den anderen lassen, wie er ist und wo er steht. Und dann kann er die Spur finden, die ihn zum Leben führt.

Nach dem Vater wendet sich Jesus dem Jungen zu und dem unreinen Geist, der ihn besetzt hat. Er fährt diesen Geist an: „Ich befehle dir, du stummer und tauber Geist: Verlass ihn und kehr nicht mehr in ihn zurück!" (Mk 9,25). Jesus setzt den Dämon nicht in eins mit dem Jungen, sondern unterscheidet die Person des Sohnes von dem unreinen Geist, der ihn besetzt hält. So wendet er sich gegen den Dämon. Mit dem geht er nicht verständnisvoll und mitfühlend um. Er kämpft gegen den Dämon und für das Leben. Er weiß, dass er gegen das krank machende Lebensmuster des Jungen kämpferisch angehen muss. Mit seinem aggressiven Vorgehen ermöglicht Jesus dem Jungen, seine Aggressionen in die richtigen Bahnen zu lenken. So wie Jesus gegen den Dämon kämpft, so soll auch der Sohn lernen, gegen lebenshemmende Muster anzukämpfen und die Verantwortung für sich zu übernehmen. Der Junge muss sich von seiner alten Rolle, mit der er sich arrangiert hat, trennen und das Lebensmuster, das ihn im Griff hat, aus sich herauswerfen. Er muss seine Aggressionen gegen sich und den Vater in Ehrgeiz verwandeln, selber leben zu wollen, anstatt von den inneren Zwängen gelebt zu werden.

Der unreine Geist räumt jedoch nicht kampflos das Feld. Er zerrt den Jungen nochmals hin und her und verlässt ihn dann mit lautem Geschrei. Der Sohn muss alles herausschreien, was er jahrelang in sich hineingefressen hat. Und er muss es vor dem Vater tun, vor dem er jahrelang verstummt war. Jesu heilende Gegenwart gibt ihm offensichtlich die Kraft dazu. Er spürt in Jesus eine Macht, die der Macht des Dämons überlegen ist. Jesus strahlt eine Atmosphäre des Vertrauens aus, die es dem Sohn ermöglicht, alles auszusprechen, was sich in ihm angestaut hat. Er hat keine Angst, es mit Wut und Hass herauszubrüllen. Vor Jesus darf alles sein, was sich in ihm festgekrallt hat. Jesus bewertet nicht. Wenn es vor ihm herauskommt, dann ist es gut. Im Schreien distanziert sich der Sohn von dem stummen und tauben Dämon, der ihn besetzt hielt. So wird er heil und frei, sein eigenes Leben zu leben.

Der Schrei des Jungen bzw. des Dämons, der aus dem Jungen unter lautem Geschrei ausfährt, erinnert an den Schrei Jesu am Kreuz: „Jesus aber schrie laut auf. Dann hauchte er den Geist aus" (Mk 15,37). Viele Exegeten verstehen diesen Schrei Jesu als Siegesschrei. Jesus triumphiert mit diesem Schrei über die Macht der Dämonen. Jetzt ist sie endgültig gebrochen. Jetzt können die unreinen Geister den Menschen nicht mehr bestimmen. Die Wirkung von Jesu Todesschrei zeigt sich im Zerreißen des Vorhangs im Tempel. Jetzt ist für alle Menschen der Zugang zum Allerheiligsten möglich. Wenn wir den Schrei Jesu mit dem lauten Schrei des jungen Mannes in Beziehung setzen, so heißt das für unsere Geschichte: Wir sind nicht ohnmächtig gegenüber den unreinen Geistern. Jesus hat für uns die Dämonen besiegt. Sein Schrei ermutigt uns, unseren Sieg über die Dämonen herauszuschreien. Gemeinsam mit Jesus dürfen wir unsere Stimme erheben. Und indem wir sie erheben, indem wir all das herausschreien, was sich in uns festgesetzt hat, hat der Dämon keine Chance mehr, uns zu bestimmen. Indem wir es wagen, unsere Stimme in ihrer ganzen Stärke ertönen zu lassen, werden wir frei von den Stimmen der unreinen Geister und gelangen so zur Übereinstimmung mit unserem wahren Selbst.

Nach dem lauten Schrei liegt der Junge nun da wie tot. Seine alte Identität ist gestorben. Der Dämon des Vaters hat ihn verlassen. Jetzt kann er ganz er selbst sein. Jesus fasst ihn an der Hand und richtet ihn auf. Er feiert mit ihm Auferstehung. Er stellt ihn auf die eigenen Füße. „Und der Junge erhob sich" (Mk 9,27). Im Griechischen steht hier „aneste", d.h. er stand auf. Es ist das gleiche Wort wie bei der Auferstehung Jesu. Wenn ein Mensch geheilt wird, wenn er frei wird von seiner Bindung an den Vater, dann geschieht an ihm Auferstehung. Aber diese Auferstehung geschieht hier anders als bei der Tochter der syrophönizischen Frau. Bei der Tochter stellt Jesus einfach fest, dass der Dämon aus der Tochter ausgefahren ist. Mit dem Dämon des Sohnes kämpft er. Er tritt ihm mit Macht entgegen. Jesus zeigt dem Jungen gegenüber eine Kraft, die klar ist und daher mehr Macht hat als die zerstörerische Wut, die sich im Jungen angestaut hat. Während der Vater offensichtlich Angst hatte vor der Aggression des Sohnes, tritt ihm Jesus ohne Angst entgegen. Das gibt dem Jungen die Möglichkeit, auch ohne Angst über all das zu reden, was in ihm ist. Nur in diesem angstfreien Klima kann Heilung geschehen. Wenn der Vater das innere Chaos des Sohnes fürchtet und es gewaltsam unter Kontrolle halten möchte, verstärkt er es damit nur. In der Nähe Jesu verliert der Sohn die Angst vor sich selbst. Man könnte die Heilung des Jungen durch Jesus vergleichen mit der bekannten chassidischen Geschichte, in der ein Vater, der mit seinem Sohn nicht zurechtkam, ihn zu einem Rabbi brachte. Der Rabbi nahm den Jungen in den Arm und hielt ihn einen ganzen Tag lang in seinen Armen. Das heilte den Jungen. Der Vater hatte Angst vor der Aggression seines Sohnes gehabt. Der Rabbi heilt den Jungen, indem er ihn bedingungslose Liebe erfahren lässt. Wie Jesus hat der Rabbi keine Angst. Er berührt den Sohn – und es ist die liebevolle Berührung, durch die die Heilung geschieht.

Die Heilungsgeschichte im Neuen Testament hat noch ein Nachspiel. Die Jünger fragen Jesus, warum sie denn den Dämon nicht austreiben konnten. Sie trauten sich offensichtlich zu, Menschen zu heilen, die von Dämonen besessen waren. In Jesu Antwort liegt der Schlüssel zur Heilung: „Diese Art kann nur durch Gebet ausgetrieben werden" (Mk 9,29). Die Jünger denken, dass sie den Jungen aus eigener Kraft heilen könnten – vergebens. Jesus dagegen wirkt aus der Kraft des Gebetes. Im Gebet sieht er den Jungen in Gottes guter Hand. Das Gebet befreit ihn von seiner Angst. Und weil Jesus angstfrei auf den Jungen zugeht, verliert der seine Angst und kann aus seiner Erstarrung ausbrechen. Die Jünger setzen sich selbst unter Druck, den Jungen heilen zu müssen. Jesus findet im Gebet seinen Grund in Gott. Gott befreit ihn von dem Druck, jeden heilen zu müssen. Das Gebet macht ihn durchlässig für Gottes Wirken. Er muss nicht die Erwartungen der Menschen erfüllen, sondern kann sich im Vertrauen auf Gottes heilende Kraft ganz dem kranken Menschen widmen.

Im Matthäusevangelium gibt Jesus den Jüngern auf ihre Frage, warum sie den Dämon nicht austreiben konnten, eine andere Antwort: „Weil euer Glaube so klein ist. Amen, das sage ich euch: Wenn euer Glaube auch nur so groß ist wie ein Senfkorn, dann werdet ihr zu diesem Berg sagen: Rück von hier nach dort!, und er wird wegrücken. Nichts wird euch unmöglich sein" (Mt 17,20). Auch hier wird eine wichtige Voraussetzung der Heilung sichtbar: der Glaube. Wer andere begleitet, muss in erster Linie nicht sich, sondern Gott etwas zutrauen. Der Glaube befreit uns von unserem Leistungsdruck, dass wir alles selbst machen müssen. Aber er befreit uns auch von unseren Zweifeln, ob bei dem oder jener überhaupt etwas zu machen sei. Viele Klienten reagieren auf die oft unbewusste Einstellung des Therapeuten. Sie spüren, ob er an ihre Heilung glaubt oder nicht, ob er ihnen etwas zutraut oder nicht. Heilung ist immer ein Wunder, das wir nicht einfach machen können, aber mit dem wir immer rechnen sollten. Das ist der Glaube, den Jesus meint: Gott zuzutrauen, dass er Heilung bewirkt, dass er den Berg versetzt, der den Kranken vom Leben abhält, und zugleich an den Menschen zu glauben und seine inneren Quellen, in denen Gottes Kraft in ihm strömt.

„Hans mein Igel"

Wenn wir in den Märchen nach einer Parallelgeschichte zur Heilung des besessenen Jungen suchen, so fällt uns „Hans mein Igel" ein. „Es war einmal ein Bauer, der hatte Geld und Gut genug, aber reich wie er war, so fehlte doch etwas an seinem Glück: Er hatte mit seiner Frau keine Kinder." So beginnt die Geschichte und sie erzählt weiter, dass dieser Mann deswegen so viel Spott der Leute über sich ergehen lassen muss, dass er endlich zornig wird und ausruft: „Ich will ein Kind haben und sollt's ein Igel sein." Seine Frau bekommt nun ein Kind, das oben ein Igel und unten ein Junge ist. Sie erschrickt und sagt zu ihrem Mann: „Siehst du, du hast uns verwünscht!" Der Vater nimmt den Sohn nicht an. Acht Jahre muss er hinter dem Ofen sein Leben fristen. „Und sein Vater war ihn müde und dachte, wenn er nur stürbe." Als dann in der nahen Stadt ein Markt abgehalten wird, fragt der Bauer seine Frau und seine Magd, was er ihnen mitbringen solle.

Und schließlich fragt er auch seinen Sohn. „Väterchen", sprach er, „bring mir doch einen Dudelsack mit." Als er den dann hat, sagt er zum Vater: „Väterchen, geht doch vor die Schmiede und lasst mir meinen Göckelhahn beschlagen, dann will ich fortreiten und will nimmermehr wiederkommen." Der Vater ist froh, dass er seinen Sohn los ist. Hans mein Igel reitet auf seinem Hahn in den Wald und nimmt auch Schweine und Esel mit. Die hütet er draußen im Wald, „bis die Herde ganz groß war, und wusste sein Vater nichts von ihm".

Nacheinander reiten zwei Könige an ihm vorbei und fragen nach dem richtigen Weg. Hans mein Igel zeigt ihn ihnen – unter der Bedingung, dass sie ihm das zu Eigen geben, was ihnen zu Hause als das Erste begegnen sollte. Es ist jedes Mal die Tochter, die dem Vater entgegenkommt. Unterdessen ist die Schweineherde groß geworden. Hans reitet mit ihr in das Dorf des Vaters und schlachtet dort alle Schweine. Dann reitet Hans mein Igel zum ersten König, um sich dessen Tochter zu Eigen zu nehmen. Doch als er mit Bajonetten empfangen wird, fliegt Hans auf seinem Hahn an das Fenster des Königs und verlangt, er solle ihm seine Tochter herausgeben. Sonst würde er sie töten. Der König gibt schließlich nach. Hans mein Igel fährt mit der Königstochter weg und richtet sie mit seinen Stacheln übel zu. Dann schickt er sie nach Hause, wo sie ihr Leben lang beschämt leben muss. Der zweite König, zu dem er dann reitet, empfängt ihn freundlich, bewirtet ihn fürstlich und gibt ihm seine Tochter. Die fürchtet sich vor den Stacheln, aber sie will sich dem Befehl des Vaters nicht widersetzen. Hans beruhigt sie. Er werde ihr kein Leid antun. Dem König befiehlt er, er solle vier Mann bestellen, die vor der Kammer ein großes Feuer entfachen. Wenn er sich ins Bett lege, würde er aus seiner Igelhaut herauskriechen und sie vor dem Bett liegen lassen. Dann sollten die vier Männer sie sofort nehmen und ins Feuer werfen. Dann sei er erlöst. So geschieht es. Als die Igelhaut verbrannt ist, liegt Hans als Mensch im Bett, allerdings kohlschwarz wie gebrannt. Der König schickt nach einem Arzt, der ihn mit Salben wäscht, bis er ganz weiß ist, ein schöner junger Herr. Die Prinzessin freut sich, die beiden feiern Hochzeit und leben glücklich zusammen. Und so endet das Märchen von „Hans mein Igel": „Wie etliche Jahre herum waren, fuhr er mit seiner Gemahlin zu seinem Vater und sagte, er wäre sein Sohn; der Vater aber sprach, er hätte keinen, er hätte nur einen gehabt, der wäre aber wie ein Igel mit Stacheln geboren worden und wäre in die Welt gegangen. Da gab er sich zu erkennen, und der Vater freute sich und ging mit ihm in sein Königreich."

In diesem Märchen hat sich der Vater ausdrücklich einen Sohn gewünscht, aber nicht um des Kindes willen, sondern um sein eigenes Bedürfnis damit zu erfüllen. Damit aber hat er sich selbst verwünscht. Der Sohn entsprach ganz und gar nicht seinen Wünschen. Wenn der Vater im Sohn seine eigenen Lebensvorstellungen verwirklichen möchte, hat das Kind den Preis zu zahlen (vgl. Dombrowski 153). Wer als Sohn den Wünschen des Vaters entsprechen muss, der kann sich nicht entwickeln, der fristet hinter dem Ofen ein kümmerliches Dasein. Und die Ablehnung durch den Vater entfacht im Sohn – ähnlich wie in der Heilungsgeschichte der Bibel – eine ungeheure Aggression. Der Sohn ist – wie ein Igel – voller Stacheln. Der Vater kann seinen Sohn gar nicht berühren und in den Arm nehmen. Seine Ablehnung des Vaters äußert sich darin, dass er sich sperrt und ihm die Botschaft sendet: „Komm mir nicht zu nahe! Sonst steche ich dich." Ähnlich wie der Vater weist ihn auch der erste König ab. Das bringt den Sohn in solche Wut, dass er die Tochter blutig verletzt.

Erst als Hans die bedingungslose Annahme durch den zweiten König und seine Tochter erfährt, wird er erlöst. Der König wird für Hans zum wahren Vater. Dass jemand an das Gutsein dieses Menschen glaubt, der halb Mensch und halb Igel ist, befreit ihn von seiner „Igelhaut", vom Panzer seiner Aggressionen, mit der er sich bisher die Leute vom Leib gehalten hat. Der Glaube des Vaters an das Gute im Sohn ist der erste Schritt der Heilung. Er eröffnet einen Raum, in dem der Sohn über sich selber reden kann, über seine stachlige Haut, die er sich zugelegt hat. Aber er ist nicht identisch mit dieser Haut. Er kann sie ablegen, sobald er die Liebe einer Frau erfährt. Aber es braucht neben der Liebe der Frau noch vier Männer, die ein Feuer entzünden. Die stachlige Igelhaut muss durch das Feuer der Leidenschaft verwandelt werden. Die vier Männer sind Bilder für alle Aspekte des Animus. Der Sohn, der sich mit seiner aggressiven Seite identifiziert hatte, muss noch andere Aspekte seiner Männlichkeit entwickeln. Erst dann ist er fähig zur wahren Liebe. Und er braucht einen Arzt, der seinen dunklen Leib behandelt und diese dunkle Seite an ihm aufhellt. Die Liebe seiner Frau muss also durch eine liebevolle Behandlung durch den väterlichen Arzt ergänzt werden.

Der biblische Text in der geistlichen Begleitung

Die Geschichten aus dem wirklichen Leben werden durch die vorausgegangenen Erzählungen tatsächlich erhellt: Da ist z. B. ein in seinem Beruf erfolgreicher Mann, der als Kind brutal von seinem Vater geschlagen wurde. Er hat es zum Abteilungsleiter gebracht, aber wenn er heute seinen Vater besucht, dann kann es sein, dass dieser mit Worten genauso grausam auf ihn einschlägt wie früher mit Handgreiflichkeiten. Der alte Vater macht ihn, einen inzwischen erwachsenen Mann, klein. Er lässt ihn nicht aufkommen. Der Sohn kann tun, was er will. Er kann es seinem Vater nie recht machen. Vielleicht ist es der Neid, dass der Sohn weiter gekommen ist als der Vater. Vielleicht ist es einfach die Angst vor dem Spiegel, den der Sohn dem Vater hinhält. Dieser Mann hat sich und seine Erfahrung als Sohn in der Geschichte von der Heilung des besessenen Jungen, die das Evangelium des Markus erzählt, wieder gefunden. Er hat daneben auch in der

Therapie die Beziehung zu seinem Vater angeschaut und dabei einiges erkannt und gelernt, sich von seinem Vater zu lösen. Die Meditation der biblischen Geschichte will und kann eine Therapie keinesfalls ersetzen. Aber sie kann die Einsicht in die Lebenssituation ergänzen und vertiefen. Sie bietet dem Sohn die Möglichkeit, seine eigene Geschichte in den Bildern der biblischen Erzählung mit neuen Augen zu sehen und zu verstehen. Aber sie lädt ihn auch ein, sich mit seinem Vater zu versöhnen. Auch der Vater sehnt sich nach Heilung. Er möchte auch glauben, aber er kann es nicht. Er möchte aus dem Vertrauen leben. Aber die Angst hält ihn im Griff.

Die Heilungsgeschichte nimmt den Sohn an der Hand, damit er sich von ihr zu seinem wahren Kern führen lässt. Verschiedene Schritte könnten dem Sohn dabei helfen. Da ist einmal die Vorstellung, dass er seinen Vater in die Therapie zu Jesus schickt. Er kann sich ausmalen, wie Jesus mit dem Vater spricht und was der Vater ihm wohl von sich erzählen würde. Vielleicht geht ihm durch diese Meditation auf, dass der Vater ja an sich selbst gelitten hat, dass er sich ohnmächtig und hilflos fühlte und deshalb so autoritär und abweisend war. Der Sohn könnte seinem eigenen Vater die Worte in den Mund legen: „Ich glaube, hilf meinem Unglauben!" Er soll sich vorstellen, wie sein Vater dieses Wort hineinspricht in seine tief sitzende Angst, in sein Misstrauen, in seine Minderwertigkeit, in seine Brutalität. Dann wird der Sohn hinter dem Schlagen des Vaters die Sehnsucht entdecken, doch frei zu werden von seiner eigenen Angst, von seinem tiefsitzenden Misstrauen allen Menschen gegenüber. Er wird den Vater verstehen können, wie er aus Angst vor dem eigenen Vater seine Wut unterdrückt hat und sie jetzt am Sohn auslässt. Er wird erkennen, dass der Vater letztlich aus Verzweiflung heraus schlägt, weil er keine Perspektive für sein Leben hat und an sich und an der Welt zweifelt. Er ist verzweifelt, resigniert, innerlich zerrissen. Er hat eine panische Angst, wieder so schwach sein zu müssen, wie er es selbst war vor seinem eigenen Vater. Weil diese panische Angst ihn umtreibt, hat er sich mit dem Aggressor identifiziert und seine Wut am Sohn ausagiert. Die Schläge galten nicht dem Sohn, sondern letztlich seinem eigenen Vater, und sie galten seiner eigenen Angst, die er mit jedem Schlag zu unterdrücken suchte. Die Vorstellung, dass Jesus sich auch dem Vater zuwendet und ihn behandelt, kann möglicherweise dem Sohn helfen, den Vater nun mit anderen Augen zu sehen und für ihn zu hoffen, dass auch er geheilt wird.

Der zweite Schritt, zu dem die Geschichte einlädt, besteht darin, dass sich dieser Sohn seine eigene unterdrückte Wut anschaut. Wo haben sich seine verdrängten Aggressionen Ausdruck verschafft? War es die Härte, mit der er seine berufliche Karriere durchgesetzt hat? War es die Unbarmherzigkeit, die er seinen Mitarbeitern gegenüber zeigt, wenn sie Fehler machen? War es die Isolierung, in die er sich zurückgezogen hat? Wie weit ist er mit seiner Härte sich und andern gegenüber den Verletzungen durch seinen Vater ausgewichen? Oder hat er die Verletzungen nur weitergegeben? Er wollte ganz anders sein als sein Vater. Aber jetzt entdeckt er, dass er gleiche Verhaltensweisen an den Tag legt wie der Vater. Als Kind konnte er es nicht ertragen, wenn der Vater ihn nicht ernst genommen und sein Verhalten und seine Worte ironisch kommentiert hat. Das hat ihn damals verunsichert und ärgerlich gemacht. Mitarbeiter spiegeln ihm nun, dass er sie durch seine Ironie verletzt. Er verhält sich also genauso wie sein Vater damals. Er wollte sich von seinem Vater lösen. Aber nun erkennt er, dass er von seinem Vater nicht frei wird, wenn er seine Geschichte mit ihm nicht anschaut und sich bewusst macht, was in dieser Beziehung vor sich ging. Ohne bewusstes Bearbeiten seiner Vaterbeziehung würde er den Vater nur kopieren und die Verletzungen an andere weitergeben, die er von ihm empfangen hat.

Der Sohn aus unserer Geschichte hat sich vom Dämon durch einen lauten Schrei befreit. Das klingt ganz modern. Viele Therapeuten raten heute den Klienten, ihre Wut einmal richtig herauszubrüllen. Aber das kann auch gefährlich werden, weil manche sich dann in ihre Wut so hineinsteigern, dass sie nicht mehr herausfinden. Daher ist es immer sinnvoll, den Klienten in der Gegenwart des Therapeuten oder geistlichen Begleiters seine Wut herausschreien zu lassen. Der Junge der biblischen Erzählung hat in der Gegenwart Jesu geschrien. Es braucht das Korrektiv des Beobachters, der nachfragen kann: „Was ist das für eine Wut? Wie fühlt sie sich an? Wem gilt sie? Was möchtest du noch herausschreien? Macht dir deine Wut Angst? Was steckt hinter deiner Wut?" Wenn die Wut herausgeschrien ist, macht sie anderen Gefühlen Platz. Hinter der aufgestauten Wut steigt die Sehnsucht nach dem Vater auf, die Sehnsucht nach einem Vater, der ihn umarmt, der zu ihm steht, der ihn mit seiner Kraft unterstützt und ihm den Rücken frei hält. Und vielleicht tauchen auch positive Erinnerungen auf: wie der Vater damals den Sohn nicht nur geschlagen hat, sondern wie er manchmal auch zärtlich war, wie er mit ihm gespielt hat, wie er ihn voller Begeisterung manche Fähigkeiten beigebracht hat: das Radfahren, das Schwimmen und das Springen. Wie er ihn eingeführt hat in seine Arbeitswelt, in das Traktorfahren, das Pflügen, in das Reparieren der Maschinen usw. Die Wut zuzulassen ist nur dann heilsam, wenn wir bereit sind, über unsere Wut hinauszugehen und sie dann loszulassen. Bert Hellinger hält nicht sehr viel davon, nur die Wut auszuagieren. Er meint, es sei viel wichtiger, den Vater so wahrzunehmen und zu würdigen, wie er ist. Das Ziel von Jesu Therapie ist, sowohl den Vater als auch den Sohn in die eigene Gestalt zu führen. Sie müssen erst zu sich selbst finden, bevor sie einander richtig anschauen können. Dann kann einer den andern sein lassen und ihn auch in seiner Eigenart würdigen.

Der meditative Umgang mit der Heilungsgeschichte sollte zur Versöhnung mit dem Vater führen. Aber manchmal ist der Klient noch nicht fähig, auf seinen Vater versöhnt zuzugehen. Die Verletzungen sitzen noch zu tief in ihm. Wenn es so ist, dann darf er sich ruhig zugestehen, dass er noch Zeit braucht, um sich innerlich mit dem Vater auszusöhnen. Auch hier kann es ihm helfen, einen fiktiven Brief an den Vater zu schreiben. Eine andere Hilfe könnte sein, sich in der Meditation vorzustellen, wie er dem Vater ohne Angst gegenübertritt. Das wird nur dann gelingen, wenn der Sohn ganz bei sich ist. Daher sollte er in der Meditation zuerst mit sich in Berührung kommen. Er könnte sich bequem hinsetzen, sich selbst spüren, seinen Atem, seinen Leib. Er soll sich so lange entspannen, bis er einen inneren Frieden in sich spürt. Dann kann er sich vorsagen: „Ich bin ganz bei mir. Ich nehme mich an, wie ich bin. Ich spüre mich und bin im Einklang mit mir. Es ist gut so, wie ich bin. Ich spüre meinen Atem, wie er durch den ganzen Leib strömt. Ich spüre den Frieden, den mein Atem in meinem Leib verbreitet. Ich sitze daheim in meinem Zimmer, in dem ich mich wohl fühle. Ich schaue mich um, sehe die Bilder, die an der Wand hängen. Sie gehören zu mir. Das ist mein Raum. Dann gehe ich in das Zimmer meines Vaters. Ich öffne ganz langsam und bewusst die Türe. Ich bin ganz bei mir, in der Achtsamkeit. Ich begrüße meinen Vater, schaue ihn an. Ich spüre mich. Dann nehme ich wahr, wie der Vater mich anschaut. Was kann ich in seinen Augen lesen? Ich versuche, hinter die harte Fassade zu sehen. Ich versuche, an den guten Kern in ihm zu glauben, an die Sehnsucht, mit mir in Frieden zu leben. Und dann kann ich mir vorstellen, wie das Gespräch abläuft, wenn ich ganz bei mir bin, ganz authentisch, in Berührung mit mir selbst, wenn ich nicht wieder herausfalle aus meiner Mitte, mich nicht vom Vater bestimmen lasse, sondern das sagen kann, was ich aussprechen möchte. Was würde ich sagen? Wie würde der Vater antworten? Und wie würde ich auf die Worte des Vaters reagieren?"

Wichtig ist an dieser Übung, dass ich immer wieder versuche, ganz bei mir zu sein, nicht aus meiner Mitte zu fallen. Dann werde ich erfahren, dass ich nicht auf die alten Verhaltensweisen dem Vater gegenüber festgelegt bin, sondern dass in mir andere Möglichkeiten sind, auf den Vater zu reagieren. Schon die frühen Mönche kannten diese Meditationsmethode, in der sie sich in innere Haltungen hineinmeditiert haben. Indem ich mir Gelassenheit und Achtsamkeit vorstelle und in der Phantasie ausmale, komme ich in Berührung mit dieser Fähigkeit. Und das ändert dann mein Verhalten dem Vater gegenüber. Ich brauche mir nicht mit dem Willen vorzunehmen, dem Vater anders zu begegnen. Es genügt, wenn ich mich immer wieder an das erinnere, was ich in mir gespürt habe. Dann wird das Gespräch mit dem Vater anders verlaufen.

Frei zu werden von der Macht des Vaters ist ein Schritt auf unserem Weg, die eigene Lebensspur zu finden. Ein anderer Schritt besteht darin, mit den positiven Wurzeln des Vaters in Berührung zu kommen. Bei allen dunklen Aspekten hat der Vater auch positive Seiten. Der Sohn braucht die Identifikation mit dem Vater, um seine eigene Männlichkeit zu entwickeln. So könnte er sich fragen: Was hat mich an meinem Vater fasziniert? Woraus hat der Vater gelebt? Wie ist er mit seinen eigenen Verletzungen und Enttäuschungen umgegangen? Welche Fähigkeiten hat er? Wie hat er sein Leben gemeistert? Es wäre gut, wenn der Sohn dem Vater für das danken könnte, was er ihm mit auf den Weg gegeben hat. Nur auf diesem Weg findet der Sohn zu seiner eigenen Identität. Und er kommt in Berührung mit der Quelle der väterlichen Kraft, die in ihm sprudelt. So wird er Lust daran finden, sein Mannsein und sein Vatersein zu leben. Er wird seine Fruchtbarkeit und Kreativität entdecken und seine ureigenste Spur in diese Welt eingraben, eine Spur von Lebendigkeit und Kraft, von Freiheit und Liebe.

7. Die Beziehung zwischen Mutter und Sohn. „Da richtete sich der Tote auf" (Lk 7,11–17)

„Einige Zeit später ging Jesus in eine Stadt namens Nain; seine Jünger und eine große Menschenmenge folgten ihm. Als er in die Nähe des Stadttors kam, trug man gerade einen Toten heraus. Es war der einzige Sohn seiner Mutter, einer Witwe. Und viele Leute aus der Stadt begleiteten sie. Als der Herr die Frau sah, hatte er Mitleid mit ihr und sagte zu ihr: Weine nicht! Dann ging er zu der Bahre hin und fasste sie an. Die Träger blieben stehen, und er sagte: Ich befehle dir, junger Mann: Steh auf! Da richtete sich der Tote auf und begann zu sprechen, und Jesus gab ihn seiner Mutter zurück. Alle wurden von Furcht ergriffen; sie priesen Gott und sagten: Ein großer Prophet ist unter uns aufgetreten: Gott hat sich seines Volkes angenommen. Und die Kunde davon verbreitete sich überall in Judäa und im ganzen Gebiet ringsum."

Lukas erzählt uns eine Mutter-Sohn-Geschichte. Die Witwe von Nain hat nur einen einzigen Sohn. Es ist ein junger Mann, der offensichtlich nicht leben kann, weil er auf seine Mutter fixiert ist, weil er den Partner ersetzen und für seine Mutter sorgen muss. Damit ist er überfordert. Er möchte leben und kann es doch nicht. Er wird nicht frei. Auch hier geht es nicht darum, der Mutter die Schuld zuzuschieben. Sie ist Witwe. Und als Witwe ist sie in Israel rechtlos. Sie braucht ihren Sohn als Versorger und Rechtsvertreter. Wenn wir die soziale Situation der Witwe als inneres

Bild nehmen, dann fühlt sich die Mutter ohne Sohn wertlos. Sie definiert sich nur als Mutter ihres Sohnes. Sie steht nicht in sich selbst. Sie ist nur jemand, weil sie einen Sohn hat. So ist sie auf den Sohn fixiert. Er ist ihr Ein und Alles. Das führt dazu, dass auch der Sohn sich an sie bindet, sich von ihr auf Händen tragen lässt.

In der Begleitung begegnen uns viele Männer, die die einzigen Söhne ihrer Mütter sind. Oft ist der Vater im Krieg geblieben, oft ist auch eine Scheidungsgeschichte im Hintergrund. Manchmal ist der Sohn auch in einer äußerlich intakten Familie der „einzige Sohn seiner Mutter". Er ist der Lieblingssohn. Die Mutter klammert sich an ihn und nimmt ihn als Vertrauten. Ihm erzählt sie ihre Not mit dem Vater.

Ein junger Mann erzählt, dass die Mutter ihn verwöhnt habe. Sie habe ihm alle Wünsche von den Augen abgelesen und ihn mit Liebe überschüttet. Aber das hatte ihren Preis. Den Vater machte sie schlecht und stellte ihn als negatives Beispiel hin. Er sei unzuverlässig, hänge in Kneipen herum und stelle jungen Frauen nach. Kein Wunder: Dieser Sohn ist hin- und hergerissen. Auf der einen Seite fühlt er sich geschmeichelt. Er ist der Liebling seiner Mutter, ihr Auserwählter. Er ist ihr wichtiger als der Vater, den er als Konkurrenten erlebt. Aber zugleich fehlt ihm der Vater. Er kann sich mit ihm nicht identifizieren. Er kann an ihm nicht reifen. Er ist für ihn kein Vorbild, weil die Mutter ihn entwertet. So wächst er gleichsam vaterlos auf. Wenn der Sohn aus der engen Mutterbeziehung ausbrechen und sich lieber dem Vater zuwenden möchte, dann droht ihm die Mutter mit Liebesentzug. Sie erpresst ihn emotional. Und doch spürt er auch die positiven Wurzeln des Vaters. Er ist ein fleißiger und fähiger Handwerker, ein Lebenskünstler, der sehr beliebt bei den Menschen ist. Doch da der Sohn innerlich an die Mutter gebunden ist, traut er sich nicht, seine eigene Männlichkeit im Blick auf den Vater zu leben. Er verkümmert in der zu großen Nähe zur Mutter.

Ein anderer Mann, unehelich geboren, hat seinen Vater nie kennen gelernt. Er wuchs mit der Mutter alleine auf. Die Mutter umsorgte ihn auf übertriebene Weise, so dass schon seine äußere Figur sichtlich aus allen Fugen geriet. Immer wenn er Probleme hatte, ging er nach Hause zur Mutter. Doch die Beziehung zur Mutter war ambivalent. Im Tiefsten hasste er sie und wollte von ihr loskommen. Er machte sich große Vorsätze, wie er seinen eigenen Weg gehen wollte. Doch sobald es an die Verwirklichung ging und die ersten Schwierigkeiten auftauchten, ging er zurück zur Mutter. Seine sexuellen Phantasien kreisten um ältere Frauen. In der Phantasie wollte er sexuell Macht über diese Frauen gewinnen. Nach dem tiefsten Grund befragt, erkannte er, dass er sich eigentlich an seiner Mutter rächen wollte. Doch dieser Wunsch blieb nur in der Phantasie. Er kam einfach nicht zum Leben, weil die Bindung an die Mutter so stark war, dass er immer wieder in die alten Muster zurückfiel. Offensichtlich gibt es im Menschen einen Drang, das Vertraute wieder zu leben, auch wenn er einsieht, dass es ihn nicht weiterführt. Aber die Angst vor dem Neuen ist so groß, dass er lieber in die alte Verstrickung zurückgeht, als einen neuen Anfang zu wagen.

Es gibt viele Situationen, in denen sich Mütter an ihren Sohn klammern und ihn als Ersatzmann nehmen. Da hat etwa eine Frau ihren Mann durch Krankheit oder Unfall verloren. Oder da ist die Beziehung zwischen den Ehegatten abgekühlt, der Mann geht fremd und verletzt damit seine Frau. So bleibt der Frau nichts anderes übrig, als sich an den Sohn zu halten. Manchmal rächt sich die Mutter an ihrem Mann, indem sie den Sohn als Vertrauten wählt. Ihm erzählt sie alles, was der Vater ihr angetan hat. Sie hält ihm ein negatives Männerbild vor Augen: Männer suchen immer nur Sexualität. Sie sind nie treu. Sie gehen von einer Frau zur andern. Durch die Verteufelung ihres Mannes bindet die Frau ihren Sohn noch enger an sich. Auf die Mutter kann der Sohn sich verlassen. Sie ist die gute Frau, die für ihn sorgt, die seine Wünsche erfüllt und die ihn mit Zärtlichkeit und Liebe umgibt. Bei ihr fühlt er sich verstanden. Da braucht er nichts zu leisten, da wird er immer beschenkt. Aber in dieser Haltung kommt er nie zum Leben. Da gleicht sein Leben dem Tod. Und manche Männer, die sich so von ihrer Mutter verwöhnen lassen, entdecken später, dass sie noch nie gelebt haben.

Gefährlich wird es für den Sohn, wenn die Mutter ihn zu ihrem Gatten erwählt, wenn sie in ihm den Prinzen sieht, auf den sie ihre erotischen Wünsche richtet und ihn so an sich bindet. Der Psychoanalytiker Horst-Eberhard Richter erzählt die Krankengeschichte von Bodo, der geboren wurde, als die Ehe seiner Eltern bereits gescheitert war. Schon bei seiner Geburt hofft die Mutter, dass der Sohn ihr den Halt geben könnte, den ihr der Vater verweigerte, und ihr in ihrer Einsamkeit den Wunsch nach Liebe erfüllen würde. So verwöhnt sie ihn. Ständig fürchtet sie sich, er könne krank werden. Als er nach der Scheidung öfter nach dem Vater fragt, macht sie den Vater schlecht und verweigert ihm jeden Besuch. Sie hält den Sohn von andern Kindern fern, hat ihn am liebsten für sich allein. Sie lässt ihn neben sich im Ehebett schlafen. Sie ist glücklich, als ihr der Sohn ankündigt: „Mutti, du musst mich später heiraten, dann hast du einen Mann" (Richter 131). Er kann daheim machen, was er will. Er räumt seine Spielsachen nicht weg. Alles erledigt seine Mutter für ihn. Doch in der Schule wird er mit der Realität konfrontiert. Er hat Angst, in die Schule zu gehen. Mittags kommt er weinend nach Hause, und die Mutter weint mit ihm, dass ihr Prinz so schlecht behandelt würde. Noch mit 13 Jahren schläft er bei ihr im Ehebett. Er hat keinen Freund. Die Mutter wacht eifersüchtig darüber, dass er seine Zeit mit ihr verbringt. Dafür erfüllt sie ihm jeden Wunsch. So wird Bodo unfähig, Unlust zu ertragen. Doch mit ihrem übertriebenen Anklammern erreicht die Mutter gerade das Gegenteil. Irgendwann wehrt sich der Junge gegen das übertriebene Küssen. Er spürt, dass er gar nicht richtig Junge sein kann. Allerdings kann er sich nicht wirklich davon befreien. Er reagiert nur kindisch, indem er ständig an der Mutter herumnörgelt. Doch die Mutter versteht es immer wieder, ihn an sich zu binden. Der Sohn braucht eine Therapie, in der er lernt, sich aus der Umklammerung durch seine Mutter zu befreien.

Viele Mütter unterschätzen die erotische und sexuelle Verführung, die sie auf ihre Söhne mit ihrer Forderung nach zärtlichen Kontakten ausüben. Wenn in der Pubertät die sexuellen Impulse aufflammen, kommt es zum Konflikt. Die Mutter hat auf der einen Seite ihre Sexualität unterdrückt, auf der anderen Seite hat sie sie auf infantile Weise mit ihrem Sohn ausgelebt. Horst-Eberhard Richter erzählt von einem jungen Mann, mit dem die Mutter bis ins 13. Lebensjahr zärtliche Raufereien im Bett veranstaltete. „Sie war seine Mieze, er ihr Strolchi" (Richter 145). Als der Junge vom Vater Besuch bekommt, bricht der Konflikt mit der Mutter aus. Der Sohn weiß nicht mehr ein noch aus. Mit 13 Jahren nimmt er Schlaftabletten und schreibt seiner Mutter einen Abschiedsbrief, den er beginnt mit „Liebe Mieze!". Richter nennt ihn den „Abschiedsbrief eines Liebhabers an die Geliebte".

Die Sexualität des Jungen war durch den zärtlichen Kontakt mit der Mutter vorzeitig und übermäßig stimuliert worden. Doch die Mutter verwehrte die offene Äußerung sexueller Tendenzen. Daher musste der Junge sie immer wieder verdrängen. Auf diese Weise geriet er in einen unlösbaren Konflikt. Er glaubte, dass er ihn nur durch seinen Tod lösen könne.

Inzestuöse Beziehungen sind für den Sohn Gift. Sie führen zu seinem psychischen Tod. Er kann keine Beziehung zu einer Frau aufbauen. Wenn die Mutter einen neuen Mann findet, dann reagiert er hysterisch oder mit Lebensverneinung. Er zwingt die Mutter, dass er den ersten Rang bei ihr einnehmen kann. Er lehnt es ab, Kontakt zu Gleichaltrigen zu knüpfen. Er brüstet sich mit seiner Sonderstellung bei der Mutter und wehrt sich gegen jede

Forderung, die die Schule oder der Beruf an ihn stellt. Eine solche Prinzenrolle endet im Tod.

„Weine nicht!"

In der Geschichte der Bibel ist es der einzig geborene Sohn der Witwe, der stirbt. Der Tod ist für ihn die einzige Möglichkeit, der Umklammerung durch die Mutter zu entkommen. Als Toter wird er aus der Stadt herausgetragen. Die Stadt ist Symbol für den mütterlichen Bereich. Der Sohn liegt auf einer Bahre und wird von Trägern aus dem Wirkungsfeld der Mutter getragen. Am Stadttor begegnen sich zwei Welten, die Welt der Mutter und die Welt Jesu. Beide haben eine große Gruppe von Menschen um sich herum. Die Welt Jesu ist die jenseitige Welt, die Welt, in der Auferstehung möglich ist. Die Welt der Mutter ist geprägt durch einen Zug, der zur Grablege der Toten führt. Jesus sieht die Frau und hat Mitleid mit ihr. Er zeigt das Mitleid nicht dem Sohn, sondern der Mutter. Er fühlt, was in ihr vor sich geht, wie sie ihre einzige Hoffnung zu Grabe trägt. Der, an den sie sich geklammert hat, wird ihr entrissen. Jetzt hat sie keinen Halt mehr. Jesus spürt, dass sie Hilfe braucht, dass sie zu sich finden, dass sie eine neue Existenz ohne Sohn aufbauen muss. Er sagt zu ihr: „Weine nicht!" (Lk 7,13).

Man kann dieses Wort als Wort des Trostes verstehen. Man könnte darin aber auch eine Aufforderung sehen, die Augen aufzutun und die eigentliche Wahrheit zu erkennen. Für den indischen Jesuiten Anthony de Mello, der zugleich psychologischer und geistlicher Begleiter war, geht es nicht darum, Hilfe in den Beziehungsproblemen zu suchen, sondern die Abhängigkeit von der Beziehung zu durchschauen. Nur dann kann Heilung geschehen. Sonst erfährt man nur eine kleine Erleichterung. Aber im nächsten Augenblick geht das Jammern über die fatale Beziehung weiter. De Mello versteht daher die Aufforderung Jesu als

Appell, aufzuwachen: „Werden Sie wach, und hören Sie mit dem Weinen auf. Wachen Sie auf" (de Mello 46). Die Mutter soll mit dem Weinen aufhören, weil sie darin nur um sich und ihr Selbstmitleid kreist, weil sie darin in ihrer Bindung an den Sohn gefangen bleibt.

Vielleicht will Jesus die Mutter mit seinem Befehl herausfordern: Sie soll nachdenken, welche Tränen sie vergießt und wer da in ihr trauert. Trauert sie als Mutter um ihren toten Sohn, weil sie von ihm Abschied nehmen muss? Oder trauert in ihr das verletzte Kind, dem man das Liebste genommen hat? Kommen in dieser Trauer all die Erfahrungen von Verlassenheit hoch? Ist die Trauer um den Sohn letztlich nichts anderes als die Trauer um das ungelebte Leben? Spürt sie, dass sie nie selber gelebt hat, dass sie sich immer nur als Mutter verstanden hat? Sind es Tränen, die loslassen, oder Tränen, die nur den Blick trüben, weil sie um das eigene Leid kreisen? Tränen der Trauer sind heilsam. Tränen des Selbstmitleids lassen uns nur in unserem eigenen Leid versinken. Sie lösen nichts, sondern überschwemmen uns. Trauert da eine erwachsene Frau oder ein kleines Kind, das nur auf sich selbst bezogen ist? Trauert sie, um Abschied zu nehmen, oder vergräbt sie sich in ihr Selbstmitleid, weil sie ihren Sohn nicht loslassen will?

Indem die Mutter mit dem Weinen aufhört, kann sie wach werden und die Illusion aufgeben, dass ihr Sohn sie glücklich machen könnte. Nur so wird sie mit der wahren Wirklichkeit in Berührung kommen. Wachwerden heißt zugleich Loslassen. Die Mutter soll den Sohn loslassen, damit er selber leben kann. Sie soll aufhören, ihn durch die Brille ihrer eigenen Bedürftigkeit zu sehen. Denn damit verbaut sie ihm die Möglichkeit zu leben. Sie muss ihn freigeben. Mit ihrem Weinen bindet sie den Sohn an sich. Weil es keine Tränen sind, die Abschied nehmen, sondern die den Toten festhalten möchten, soll die Mutter aufhören zu weinen. Nur so kann sie beobachten, wie ihr Sohn sich aufrichtet und die Worte spricht, die er schon lange sagen wollte. Wenn sie ihr Weinen stoppt, kann sie erkennen, wie viel Kraft in ihrem Sohn steckt, dass er durchaus lebensfähig ist auch ohne sie.

Vielleicht sieht Jesus in der Begegnung mit der Witwe von Nain das Leid seiner eigenen Mutter voraus. Er ist ja selbst Sohn einer Mutter. Und er muss ihr durch das konsequente Verfolgen seines eigenen Weges Leid zufügen. Vielleicht richtet Jesus das Wort „Weine nicht!" nicht nur an die Witwe, sondern auch an seine eigene Mutter, dass sie ihn ziehen lässt. Sein Weg wird über das Kreuz zum Grab führen. Auf diesem Weg begegnet er Frauen, „die um ihn klagten und weinten" (Lk 23,27). Zu ihnen sagt er: „Ihr Frauen von Jerusalem, weint nicht über mich; weint über euch und eure Kinder!" (Lk 23,28). Jesus geht seinen Weg in Gemeinschaft mit dem Vater. Es wird ein Weg über den Tod zur Auferstehung sein. Über ihn braucht man nicht zu weinen. Die Frauen sollen über sich selbst weinen, über das Schicksal, das sie erwartet. Sie sollen im Weinen ihrer eigenen Wahrheit begegnen, anstatt sich die Augen von den Tränen trüben zu lassen. Es sollen Tränen der Trauer sein, die den Verlust des Sohnes verarbeiten, und nicht Tränen des Selbstmitleids, in denen man nur um die eigenen infantilen Wünsche und Vorstellungen kreist und blind bleibt für das, was eigentlich geschieht.

„Wache auf!"

Jesus hält den Leichenzug an. Er stoppt den Zug zum Grab. Wenn die Bindung der Mutter an den Sohn weitergeht, führt sie zum Grab. Man muss den Zug aufhalten, innehalten und fragen, worum es denn eigentlich geht. Wo steht die Mutter und wo steht der Sohn? Wo sind sie ineinander verwickelt? Es muss Trennung geschehen. Jesus fasst die Bahre an, auf der der Sohn liegt. Das ist kein Ort, an dem der Sohn leben kann. Er darf sich nicht ständig tragen lassen. Er muss selbst seinen Weg gehen. Jesus gebietet den Mustern Einhalt, die dem Sohn keinen Raum zum Leben lassen, die ihn in die Erstarrung führen. Dann spricht er den Sohn an: „Ich befehle dir, junger Mann: Steh auf!" (Lk 7,14). Es ist ein feierlicher Satz, den Jesus dem Sohn gegenüber sagt. Wörtlich heißt er: „Junger Mann, dir sage ich: Wache auf!" Das griechische „egertheti" heißt zuerst „wache auf!". Erst dann bekommt es die Bedeutung: „Erhebe dich, richte dich auf!" Die Heilung des jungen Mannes besteht also darin, dass er aufwacht aus dem Schlaf seiner Illusion, aus seiner unguten Bindung an die Mutter. Er muss zu sich selber aufwachen, er muss erwachsen werden. Wenn er wach geworden ist, kann er sich auch aufrichten. Er kann leben. Er hatte sich eingerichtet in der Fürsorglichkeit der Mutter. Er wollte nicht aus dem warmen Nest der Mutter schlüpfen. So ist er darin gestorben. Jesus weckt mit seinem strikten Befehl die Kraft auf, die in dem jungen Mann steckt. Das griechische Wort für „Jüngling", „neaniske", meint, dass in dem jungen Mann etwas Neues, Frisches, Unverbrauchtes ist. Das will Jesus zum Leben wecken. Die Frage ist, ob der junge Mann lieber zurückfallen will in die Bemutterung oder ob er sein eigenes Leben wagen möchte.

Im Griechischen heißt es, dass der Sohn sich aufsetzt. Es ist noch kein Aufstehen. Der junge Mann steht noch nicht auf eigenen Beinen. Aber er beginnt, sich aufzulehnen gegen das Getragenwerden. Er bleibt nicht mehr liegen. Er wird nun selbst aktiv. Er setzt sich aufrecht hin und beginnt zu sprechen. Jetzt kann er sagen, was ihn bewegt. Jetzt redet er nicht mehr nach, was die Mutter sagt. Jetzt spricht er selbst aus, was er erkennt und was er fühlt. Jetzt traut er sich, das auszudrücken, was in ihm ist. Solange der Sohn sich von der Mutter auf Händen tragen lässt, ist er unfähig, selber zu sprechen. Er weiß gar nicht, wie er die Situation beurteilen soll. Er ist von den Überzeugungen seiner Mutter so sehr bestimmt, dass er alles mit ihren Augen sieht und zu allen

Themen ihre Worte nachspricht. Heilung geschieht, wenn er sich dagegen auflehnt und selber zu sprechen beginnt.

In der Begleitung erleben wir immer wieder Männer, die unfähig sind, selber zu leben, weil sie sich immer noch von ihrer Mutter bemuttern lassen. Sie übernehmen keine Verantwortung für ihr Leben. Sie stehen nicht zu sich. Sie haben keinen eigenen Stand. Sie lassen sich umsorgen. Es gibt Männer, die noch mit 40 Jahren bei ihrer Mutter leben. Sie haben ihr Studium abgebrochen und finden keine Arbeit. Für ihre Größenphantasien gibt es keine Arbeit, die ihrer Genialität entspricht. Oft genug sind sie dem Alkohol verfallen. Sie stecken den Kopf in den Sand und verschließen die Augen vor der Realität ihres verkorksten Lebens. Die Mutter sorgt weiter für diesen Sohn, den sie eigentlich doch aus dem Nest werfen müsste. Aber das bräche der Mutter das Herz. Sie hat Angst, dass ihr Sohn dann zugrunde ginge. Und unbewusst braucht sie auch den Sohn, um sich nicht einsam zu fühlen. Oft sucht sie die Schuld bei sich selbst, dass der Sohn dem Leben nicht gewachsen ist. Und die Schuldgefühle hindern sie daran, ihn härter anzufassen und ihm den Lebenskampf zu überlassen. Sie meint, wenn sie noch mehr für den Sohn tue, werde er vielleicht doch noch gesund und lebenstauglich. Ihre Schuldgefühle machen sie blind für ihre wirklichen Gefühle, für ihr Überfordertsein, für ihre Aggressionen. Sie lässt sich vom Sohn ausnutzen, beschimpfen, verletzen. So entsteht eine fatale Bindung. Weil die Mutter sich schuldig fühlt, traut sie sich nicht, den Sohn sich selbst zu überlassen. Aber je weniger sie sich traut, desto stärker hält sie ihn in der Abhängigkeit fest und schadet ihm dadurch. Die Mutter leidet am Sohn, der sie ausnützt und ihr das Leben schwer macht. Und der Sohn kommt nicht zum Leben, weil er sich von seiner Mutter behüten lässt. Aber das ist kein Leben. Solche Söhne müssen aufstehen und sich aufrichten. Und sie müssen endlich einmal zu sprechen anfangen. Sie sollen das sagen, was sie wirklich bewegt. Vielleicht müssen sie zuerst ihre unterdrückte Wut zum Ausdruck bringen, aber auch ihre Angst vor dem Leben, ihre Lebensverweigerung und Selbstverneinung. Nur wenn sie der Mutter das sagen, was sie schon als Pubertierende hätten sagen sollen, dass sie endlich selber leben wollen, anstatt sich gängeln zu lassen, nur dann werden sie erwachsen, nur dann stehen sie vom Tode auf.

Die erste Lebensäußerung des jungen Mannes der biblischen Erzählung besteht im Sprechen. „Er fing an zu reden." Es ist ein neuer Anfang für den jungen Mann, wenn er sich zu Wort meldet, wenn er seine Bedürfnisse anmeldet, wenn er sich selbst ausspricht, anstatt in der Rolle des angepassten Kindes oder des „Prinzen" seiner Mutter zu Gefallen zu reden. Häufig fallen solche Prinzen durch altkluges Reden auf, das auf die Umgebung gekünstelt wirkt. Wenn der junge Mann aufwacht, redet er wie ein Mann und wie ein altkluges Kind, das nur nachredet, was die andern ihm vorsagen, oder das nur die Worte sagt, die die Umgebung von ihm erwarten. Im Griechischen steht hier das Wort „lalein". Es heißt: „in familiärem Ton miteinander reden, vertrauensvoll reden". Der junge Mann soll also persönlich von sich sprechen. Er soll sein Reden nicht dazu benutzen, sich andere vom Leib zu halten. Richtig sprechen, das heißt vielmehr, das Herz aufzubrechen und es für die andern zu öffnen, dem andern Zutritt zu gewähren zum eigenen Herzen, so sprechen, dass Beziehung wächst und Vertrauen entsteht. Das deutsche Wort „sprechen" hängt zusammen mit „bersten, brechen". Im Sprechen bricht der Panzer entzwei, der unser Herz umschließt. Es bricht aus uns hervor. Wir geben dem andern teil an unseren Emotionen, an unserer Stimme, an unserem Gestimmtsein. Der junge Mann wird heil und ganz, wenn er richtig redet. Er wird stimmig, wenn sein Sprechen übereinstimmt mit seinem Herzen und wenn er seinen Gefühlen Stimme verleiht.

Dass Jesus den Jüngling seiner Mutter zurückgibt, scheint auf den ersten Blick eine Regression zu sein, ein Rückschritt in die alte Rolle. Doch der Sohn wird nicht dadurch erwachsen, dass er die Beziehung zu seiner Mutter abbricht. Das wäre nur ein gewaltsames Losreißen, bei dem er sich selbst wichtige Lebensquellen aus der Seele herausreißt. Erwachsen sein heißt, in einer guten Beziehung zur Mutter zu sein. Der Baum kann nur wachsen und seine Krone entfalten, wenn er tiefe Wurzeln hat. Die Eltern stellen unsere Wurzeln dar. Auch wenn Vater und Mutter uns verletzt haben, so bilden sie doch die Wurzeln, die uns nähren. Daher hat es wenig Sinn, wenn der Sohn die Wurzeln seiner Mutter abschneidet. Dann würde er wurzellos und sein Baum würde vertrocknen. Aber der Baum des Sohnes darf nicht mit dem Baum der Mutter zusammenwachsen. Die Symbiose mit der Mutter würde seinem Baum den Raum wegnehmen, den er zur Entfaltung braucht. Nur der ist erwachsen, der sich von seiner Mutter abgrenzen kann, der mit ihr sprechen kann, ohne sich gegängelt zu fühlen, der mit ihr umgehen kann, ohne sich ständig anzupassen. Es gibt Männer, die meinen, sie seien erwachsen und selbständig. Aber sobald sie die Mutter besuchen, fallen sie in die alte Rolle zurück. Da sind sie freundlich und rücksichtsvoll und verleugnen das eigene Leben. Oder aber sie geraten mit der Mutter jedes Mal in Streit. Wenn die Mutter sie als Kind behandeln will, dann reagieren sie wie Pubertierende. Sie werden trotzig und brausen auf. Sie sind nicht souverän. Es ist immer meine Verantwortung, ob ich mich als Kind behandeln lasse oder nicht. Ich höre zwar die Worte und Wünsche der Mutter. Aber ich richte mich nicht danach. Ich lasse sie bei ihr. Wenn ich mich schreiend dagegen wehren muss, zeige ich, dass die Mutter immer noch Macht über mich hat, dass ich mich noch nicht wirklich gelöst habe. Die Freiheit des Sohnes gegenüber der Mutter zeigt sich in einem erwachsenen Verhalten, das von Respekt, aber auch von Abgrenzung und Eigenständigkeit geprägt ist.

C. G. Jung meint, in uns allen sei eine Sehnsucht nach der Mutter. Wenn wir sie aber unser Leben lang auf die konkrete Mutter richten, bleiben wir infantil. Wenn wir die Muttersehnsucht herausreißen, dann schneiden wir uns ab von einem wichtigen Wurzelgrund unseres Lebens, von einer fruchtbaren Quelle, aus der wir trinken könnten. Für Jung geht es darum, dass wir die Muttersehnsucht auf ein Symbol richten, etwa auf Gott, auf die Kirche, auf das Paradies oder auf die Mutter Erde. Viele Kirchenbauten haben die Gestalt des Mutterschoßes. Viele erfahren Geborgenheit, wenn sie sich in eine romanische Kirche setzen und sich von Gottes heilender Gegenwart umhüllt wissen. Wenn wir die tiefere Geborgenheit in Gott finden, werden wir frei von einer infantilen Bindung an die Mutter. In ihm kommt unsere Muttersehnsucht zur Erfüllung. Aber Gott ist keine Ersatzmutter. Er steht auf einer anderen Ebene als die Mutter. Manche religiöse Menschen verwechseln Gott mit ihrer Mutter. Dann bleiben sie in ihrer Frömmigkeit infantil. Die Geborgenheit in Gott erfahren heißt zugleich, sich selbst Mutter zu sein, in sich geborgen zu sein, in sich Ruhe und Heimat zu finden.

Befreiung aus der Symbiose mit der Mutter

Wenn Mutter und Sohn in einer Symbiose zusammenleben, das sagt die Erzählung der Bibel auf der bildhaften Ebene, dann führt das zum Tod des Sohnes. Zugleich ist der Tod dann auch der einzige Weg, von der Symbiose frei zu werden. In unserer Heilungsgeschichte ist es der reale Tod des Sohnes. In den meisten Mutterbindungen geht es um ein inneres Sterben und Sich-Lösen. Der Sohn muss in seiner alten Rolle sterben und sich von seiner alten Identität „als einziger Sohn seiner Mutter" verabschieden. Dieser Prozess des Loslassens ist schmerzlich und gleicht dem Sterben. Das Alte und Vertraute muss gelassen werden. Damit fehlt dem Sohn zunächst die Grundlage, auf der er gelebt hat. Er wird aus dem Nest geworfen, in dem er sich so wohnlich eingerichtet hatte. Manche Söhne spüren zwar, dass sie sich von der Mutter lösen müssen. Sie rebellieren gegen die Mutter, kritisieren sie und nörgeln an ihr herum. Aber wenn die Mutter dann verständnisvoll reagiert, schlüpfen sie wieder in das Nest zurück, das die Mutter ihnen anbietet. Sie möchten ausbrechen, trauen sich aber nicht. Sie haben Angst, der Sturz aus dem Nest wäre zu schmerzlich für sie und sie könnten es in der harten Realität des Lebens nicht aushalten.

Aber nicht nur der Sohn hat Angst, sich von der Symbiose mit der Mutter zu befreien. Auch die Mutter wird versuchen, ihn durch Weinen in seiner Rolle festzuhalten. Sie vermittelt ihm Schuldgefühle, wenn er seinen eigenen Weg geht. Er würde sie traurig machen, wenn er sich von ihr trennt. Oft genug gibt der Sohn nach. Er hält es nicht aus, seine Mutter weinen zu sehen. So fällt er wieder zurück in seine alte Rolle. Aber es führt kein Weg daran vorbei, sich aus der Umklammerung durch die Mutter zu lösen. Auch wenn die Mutter schon gestorben ist, bleiben manche Männer noch Muttersöhnchen. Sie müssen sich zuerst von ihrer Mutter distanzieren, um dann an die positiven Wurzeln heranzukommen, die die Mutter ihnen auch vermittelt hat. Solche Muttersöhnchen tun sich schwer, Konflikte sachlich zu bewältigen und zu kämpfen. Sie haben Angst vor starken Männern und machen sich selber klein. Oder aber sie suchen sich Ersatzmütter. Für manche Priester ist die Kirche zu so einer Ersatzmutter geworden, die sie weiterhin klein hält. Wenn sich ein Seelsorger, oder eine Seelsorgerin, noch nicht von der Mutter befreit hat, wird er von der Kirche und von den Gruppen in der Pfarrei ständig vereinnahmt werden. Irgendwann fühlt er sich dann erschöpft und ausgebrannt und ist wie tot. Er meint, er habe zu viel gearbeitet, die Leute würden zu viel von ihm erwarten. Aber in Wirklichkeit ist es sein eigenes Muster, das ihn in den Tod treibt. Die Gemeinde darf Erwartungen haben. Das ist ihr gutes Recht, genauso wie die Mutter ihre Erwartungen äußern darf. Aber es ist immer meine eigene Entscheidung, ob ich diesen Erwartungen entspreche oder nicht. Wenn man die Erwartungen der „Mutter" Kirche von ihrem Standpunkt aus sieht, dann ist man frei, sie zu erfüllen oder abzulehnen. Dann überfordern sie mich nicht und führen nicht zur Erschöpfung und Erstarrung.

Auch die unklare Mutterbeziehung legt sich auf die Gottesbeziehung. Der Betroffene fühlt sich von Gott vereinnahmt. Er kann sich nicht gegen ihn wehren, weil unbegrenzte Erwartungen von ihm ausgehen. Die Empfindung ist dann: Ich habe ein schlechtes Gewissen, wenn ich nein sage. Vielleicht ist es doch Gottes Wille, dass ich noch mehr meditiere, noch mehr den Armen spende, noch mehr für Menschen tue, die meine Hilfe brauchen, mich noch mehr für die Gemeinde engagiere. Wenn ich nun erkannt habe, dass meine Gottesbeziehung ungesund ist, weil ich noch an die Mutter gebunden bin, dann darf das aber nicht dazu führen, dass ich mit der Mutterbindung auch meine Spiritualität aufgebe. Vielmehr muss sich meine Spiritualität wandeln. Jesus hat unser Gottesbild von der Mutterbindung befreit. Er verkündet uns den Gott, der uns leben lässt, der uns zur Freiheit befreit, der uns auf den eigenen Weg schickt. Es ist der Gott, der uns herausführt aus der Abhängigkeit und uns den Weg der Freiheit gehen heißt. Aber viele haben aus Angst die Revolution Jesu in ihrem Gottesbild nicht mitgemacht, sondern Gott wieder in die engen Bilder ihrer Mutterbeziehung gepresst. So ist die Heilung der Mutterbeziehung Voraussetzung für eine gesunde Spiritualität und eine Gottesbeziehung, die heilt und befreit.

„Hänsel und Gretel"

Ein typisches Märchen für die Mutter-Sohn-Beziehung haben wir nicht gefunden. Aber einige Aspekte aus der oft genug „verhexten" Beziehung zwischen Mutter und Sohn werden in dem wohl bekanntesten Märchen „Hänsel und Gretel" deutlich.

So beginnt diese Geschichte, die jeder kennt: „Vor einem großen Walde wohnte ein armer Holzhacker mit seiner Frau und seinen zwei Kindern; das Bübchen hieß Hänsel und das Mädchen Gretel. Er hatte wenig zu beißen und zu brechen, und einmal, als große Teuerung ins Land kam, konnte er auch das tägliche Brot nicht mehr schaffen. Wie er sich nun abends im Bette Gedanken machte und sich vor Sorgen herumwälzte, seufzte er und sprach zu seiner Frau: ‚Was soll aus uns werden? Wie können wir unsere armen Kinder ernähren, da wir für uns selbst nichts mehr haben?' ‚Weißt du was, Mann', antwortete die Frau, ‚wir wollen morgen in aller Frühe die Kinder hinaus in den Wald führen, wo er am dicksten ist: Da machen wir ihnen ein Feuer an und geben jedem noch ein Stückchen Brot, dann gehen wir an unsere Arbeit und lassen sie allein. Sie finden den Weg nicht wieder nach Haus und wir sind sie los.' ‚Nein, Frau', sagte der Mann, das tue ich nicht; wie sollt ich's übers Herz bringen, meine Kinder im Walde allein zu lassen, die wilden Tiere würden bald kommen und sie zerreißen.' ‚O du Narr', sagte sie, ‚dann müssen wir alle viere Hungers sterben, du kannst nur die Bretter für die Särge hobeln', und ließ ihm keine Ruhe, bis er einwilligte. ‚Aber die armen Kinder dauern mich doch', sagte der Mann.

Die zwei Kinder hatten aber das Gespräch der Eltern mit angehört. Hänsel nahm eine Hand voll Kieselsteine in seine Rocktasche. Und als die Eltern sie am nächsten Morgen in den Wald führten, da ließ Hänsel immer wieder einen Kieselstein fallen, um für sich den Weg zu markieren. Sie mussten ein Feuer machen. Die Eltern gingen zurück und ließen ihre Kinder allein. Als es dunkel wurde, fing Gretel wieder an zu weinen. Doch Hänsel wusste, dass der Mond die Kieselsteine als Wegweiser beleuchten würde. So fanden sie nachts den Weg nach Hause. Der Vater freute sich über ihr Kommen. Die Mutter dagegen war innerlich böse. Nach einiger Zeit drängte sie den Vater wieder, sie müssten die Kinder im Wald aussetzen. Auch diesmal hörten die Kinder das Gespräch. Und Hänsel wollte auch diesmal Kieselsteine sammeln. Aber die Mutter hatte die Türe verschlossen. So konnten sie nur ihr eigenes Brot in Krümeln auf den Boden fallen lassen. Die Mutter führte die Kinder noch tiefer in den Wald. Als die Kinder nachts wieder heimgehen wollten, hatten die Vögel alle Brotkrumen aufgefressen. So verirrten sie sich und kamen schließlich zu einem Haus, das ganz aus Brot gebaut und mit Kuchen gedeckt war, mit Fenstern aus Zucker. Als die Kinder sich daranmachten, sich satt zu essen, kam die Hexe und lud sie zu sich ein und tischte ihnen reichlich auf. Doch es war eine böse Hexe, die schon manche Kinder zu sich gelockt und dann getötet und aufgegessen hatte. Die Hexe steckte am nächsten Morgen den Hänsel in einen Stall, um ihn zu mästen. Gretel musste dagegen hart arbeiten und bekam kaum etwas zu essen. Jeden Tag musste Hänsel seinen Finger herausstrecken, damit die Hexe beurteilen konnte, ob er schon genug gemästet sei. Doch Hänsel steckte immer einen kleinen Knochen heraus. Die Hexe wunderte sich, dass er nicht zunahm. Nach vier Wochen gab sie Gretel den Befehl, das Wasser zu holen, um Hänsel darin zu sieden. Die Hexe machte im Backofen Feuer und legte Brot hinein, um es zu backen. Sie bat Gretel, sie solle in den Ofen hineingehen, um zu sehen, ob das Brot schon gar sei. Gretel aber zierte sich und bat die Hexe, sie solle es ihr vormachen. Als die Hexe auf diesen Vorschlag einging, schob Gretel sie in den Backofen und machte schnell die Türe zu. Die Alte schrie, aber Gretel lief fort, und so musste die Hexe elend verbrennen. Gretel befreite Hänsel, sie küssten einander und waren froh. Dann nahmen sie von den vielen Edelsteinen und Perlen mit, die im Hexenhaus waren, und suchten den Weg heim, und endlich erblickten sie von weitem ihres Vaters Haus. Da fingen sie an zu laufen, stürzten in die Stube hinein und fielen ihrem Vater um den Hals. Der Mann hatte keine frohe Stunde gehabt, seitdem er die Kinder im Walde gelassen hatte, die Frau aber war gestorben. Gretel schüttete sein Schürzchen aus, dass Perlen und Edelsteine in der Stube herumsprangen, und Hänsel warf eine Handvoll nach der anderen aus seiner Tasche dazu. Da hatten alle Sorgen ein Ende, und sie lebten in lauter Freude zusammen."

Wir möchten nur einen Aspekt dieses Märchens anschauen, und zwar die Beziehung der Mutter zu ihrem Sohn. Sie hat für ihn nichts mehr zu essen. Sie hat offensichtlich keine Liebe mehr, mit der sie ihn nähren könnte. So schickt sie ihn in den Wald, in den Bereich des Unbewussten. Es ist also keine Mutter, die festhält, sondern eine Mutter, die die Kinder aus der Geborgenheit des Hauses herauswirft. Manche Märchendeuter sehen darin den positiven Aspekt der Mutter. Die Mutter lässt ihre Kinder los. Die Kinder erfahren das allerdings als schmerzlich. Sie verirren sich im Wald. Und dort begegnen sie im Hexenhaus der Schattenseite ihrer Mutter. Die Hexe drückt einen anderen Aspekt der Mutter aus. Man könnte die Hexe so verstehen, dass sie die unbewussten Umklammerungstendenzen der realen Mutter darstellt. Die Mutter hat den Sohn verlassen und ihn von sich gestoßen. Aber in diesem Verlassen könnte insgeheim der Wunsch stecken, den Sohn für sich zu besitzen. Die Hexe könnte aber auch ein Bild sein für die Muttersehnsucht des Sohnes. Der Sohn möchte nicht aus dem Nest der Mutter heraus. Er möchte sich von der Mutter verwöhnen lassen. Er möchte seine Mutter so erleben, dass sie ihn grenzenlos nährt. Aber dieses Mutterbild würde ihm zum Verhängnis. Denn die Mutter würde ihn verschlingen.

Im Wald, im Bereich des Unbewussten, entpuppt sich die Mutter als Hexe, die den Sohn für sich vereinnahmen möchte. Sie erfüllt alle seine oralen Bedürfnisse. Das ganze Haus ist aus Lebkuchen. Er soll so viel essen, wie es nur geht. Aber dann sperrt die Hexe Hänsel in den Stall, in das Gefängnis ihrer eigenen Wünsche und Vorstellungen. Er muss sich so verhalten, wie die Mutter es will. Die Mutter mästet den Sohn, aber um den Preis, ihn in sich hineinzuschlingen. Der Sohn hat im Märchen eine Schwester. Das könnte ein Bild für die „anima" sein, für die weibliche Seite im Mann. Der Sohn ist nicht auf die Mutter angewiesen, weil er in sich eine anima-Seite hat. Die anima in ihm bewahrt ihn davor, von der Mutter aufgefressen zu werden. Wer als Sohn bedürftig nach mütterlicher Liebe ist, wird von dieser Liebe verschlungen. Wer aber diese Liebe in der anima in sich selbst erfährt, kann sich auf gesunde Weise von der vereinnahmenden Mutterliebe distanzieren. Gretel verbrennt die Hexe im Ofen. Die böse Mutter verliert ihre Macht. Hänsel, der seine anima integriert, ist nicht mehr abhängig von seiner Mutter.

Hänsel erliegt nicht der Versuchung, sich mästen zu lassen. Er hat eine asketische Seite an sich. Er kann verzichten. Er ist frei seinen eigenen Bedürfnissen gegenüber. Im Verzichten auf das Angebot der Mutter, alle seine Bedürfnisse zu erfüllen, erfährt er den ersten Schritt der Befreiung aus ihrer Macht. Den zweiten Schritt tut für ihn seine Schwester, indem sie die Hexe in den Ofen schiebt. Der Ofen steht für die Hitze der Emotionen. Der Sohn muss durch das Feuer seiner Emotionen gehen, damit er frei wird von seiner Mutterbindung und Muttersehnsucht. Nun kann er das Hexenhaus verlassen. Dabei nimmt er Edelsteine und Perlen mit, die im mütterlichen Reich liegen. Er kommt in Berührung mit dem Reichtum, der in der Mutter verborgen ist. Er entdeckt die Fähigkeiten und Möglichkeiten, die ihm von der Mutter zukommen. Sie nimmt er mit auf seinen Weg. Gemeinsam mit seiner Schwester findet er nach Hause. Dort ist die Mutter inzwischen gestorben. Sie bestimmt ihn also nicht mehr. Er hat das Positive, das in ihr liegt, integriert und sich von der Hexe, von der verschlingenden Seite der Mutter befreit. Jetzt kann er sich am Vater orientieren und seine eigene männliche Identität entfalten.

Spirituelle Impulse

Wer sich als Sohn zu sehr von seiner Mutter vereinnahmt fühlt, dem kann die Meditation der Auferweckung des Jünglings von Nain helfen, sich aus der Symbiose zu befreien und seinen eigenen Weg zu gehen. Die Meditation könnte so aussehen, dass ich mir die Situation konkret vorstelle: Jesus hält meinen Todeszug an, den Zug in die Oberflächlichkeit, in den Aktivismus, in die Uneigentlichkeit. Er zwingt mich, innezuhalten und in meiner Seele nachzuspüren, wohin mein Weg geht. Stimmt es so, wie ich lebe? Oder lebe ich an mir vorbei? Lebe ich selber oder werde ich gelebt? Lasse ich mich von den andern tragen oder gehe ich selber meinen Weg? Wo bin ich innerlich von der Mutter bestimmt? Denke ich in der Phantasie oft an meine Mutter, daran, wie ich ihre Aufmerksamkeit erreichen könnte, was sie zu dem sagen würde, was ich geleistet habe? Lebe ich aus der eigenen inneren Quelle oder lebe ich aus der Zustimmung der Mutter? Was möchte ich eigentlich leben? Und was lebe ich tatsächlich?

Und dann könnte ich mir vorstellen, wie Jesus mich anspricht: „Ich befehle dir, junger Mann: Wach auf!" (Lk 7,14). Was heißt das für mich, aufzuwachen? Wo schlafe ich? Wo wiege ich mich in Illusionen? Wo habe ich mich eingelullt mit frommen Vorstellungen, die aber nicht meiner Seele entsprechen? Wo mache ich mir etwas vor?

Und dann könnte ich das tun, was der Jüngling im Evangelium tut. Ich richte mich auf, setze mich aufrecht hin. Das aufrechte Sitzen ist ein Bild für das Thronen. Ich bestimme über mich und lasse mich nicht bestimmen. Ich herrsche über mich und lasse mich nicht beherrschen. Ich stürze all die Menschen von meinem

Thron, die sich darauf festgesetzt haben und meinen, über mich verfügen zu können. Als Christ ahne ich im aufrechten Sitzen etwas von der Freiheit, zu der Christus mich befreit hat. Und dann kann ich versuchen zu reden. Was möchte ich sagen? Was liegt mir auf der Seele? Was habe ich mir verboten auszusprechen? Worüber spreche ich normalerweise? Sind es nur oberflächliche Dinge, wie das Wetter, Mode, Sport, Bürotratsch? Oder spreche ich mich aus? Was möchte ich meiner Mutter sagen, was den Menschen in meiner Umgebung? Was möchte ich Jesus sagen? Was ist meine tiefste Sehnsucht? Was hat mich bisher bestimmt? Wie möchte ich jetzt leben? Von wem möchte ich mich leiten lassen? In der Meditation kann ich laut mit Jesus sprechen und all das aus mir herausreden, was bisher in mir verborgen war und was ich nicht wagte, ins Wort zu bringen.

Worin kann nun für einen Sohn der besondere spirituelle Umgang mit der Mutterwunde bestehen? Nach unserer Überzeugung besteht er darin, dass er den Mangel an Zärtlichkeit, den er erlebt hat, in eine spirituelle Sehnsucht verwandelt. Dann bleibt er nicht in seiner Muttersehnsucht stecken, sondern wird sich auf den Weg zu einer größeren Wirklichkeit machen, auf den Weg zu Gott. Die Mutterwunde wird ihn auf die spirituelle Spur treiben. Wenn er in Gott Geborgenheit findet, wird er auch Menschen Heimat bieten, die zu ihm kommen. Männer mit einer Mutterwunde werden oft zu guten Begleitern. Andere fühlen sich von ihnen eingeladen, von den eigenen Wunden zu erzählen. Die Mutterwunde kann für den Sohn also eine Chance sein. Sie befähigt ihn, andere zu verstehen und ihnen das Gefühl von Geborgenheit zu vermitteln. Der Sohn, der an der Mutterwunde leidet, muss aber auch um die Gefährdung wissen. Er ist in Gefahr, diejenigen, die er begleitet, als Mutterersatz zu nehmen, sich von ihnen die Liebe zu erhoffen, die er von seiner Mutter nicht erfahren hat. Daher ist es wichtig, dass er in Gott seine Heimat findet und dass er bei sich selbst daheim sein kann. Nur dann wird er fähig, anderen einen Ort anzubieten, an dem sie sich daheim fühlen, ohne sie für die eigenen Bedürfnisse zu missbrauchen.

Mütter werden mit diesem biblischen Text anders umgehen, wenn sie ihn lesen und sich ihm aussetzen, als Söhne. Sie fragen sich, ob sie ihren Sohn wirklich losgelassen haben. Viele Frauen haben sich vorgenommen, dass sie ihre Kinder rechtzeitig loslassen werden. Sie haben erlebt, dass ihre Eltern sich an sie geklammert haben. So möchten sie es niemals tun, das ist ihre feste Absicht. Doch wenn ihre Kinder erwachsen werden, merken sie, wie schwer es ist, sie loszulassen. Die Kinder gehen andere Wege. Sie halten es nicht mehr mit den Traditionen, die zu Hause gepflegt wurden und wichtig waren. Sie gehen nicht mehr in die Kirche. Sie schlagen einen Beruf ein, von dem man nichts hält. Der Sohn hat eine Freundin, die nicht zu ihm passt. Theoretisch möchte die Mutter den Sohn sehr wohl loslassen. Aber in dieser konkreten Situation geht es nicht. Da kann die Meditation dieses Textes eine Hilfe sein, den Sohn freizugeben. Die Frau kann einen Tag lang mit dem Wort Jesu umgehen: „Weine nicht!"

Sie kann sich fragen: Was löst das Wort bei mir aus? Warum weine ich um meinen Sohn? Weine ich, weil er nicht das Bild erfüllt, das ich mir von ihm gemacht habe? Der Befehl Jesu könnte eine Hilfe sein, die Augen aufzumachen und den Sohn auf neue Weise anzuschauen. Was möchte er wirklich? Was ist seine einmalige Gestalt? Was stimmt für ihn?

Und dann könnte die Mutter versuchen, den Sohn in Jesu Hände hinein loszulassen. Jesus soll ihn berühren, ihn aufwecken und aufrichten. Wenn die Mutter ihren Sohn durch die Meditation dieser Heilungsgeschichte Jesus übergibt, wird sie frei von der Überverantwortlichkeit. Und sie lernt Vertrauen, dass der Sohn seinen Weg finden wird, auch wenn er über Umwege geht, auch wenn er durch manche Grabessituation hindurchführen wird.

8. Die Therapiemethoden Jesu

Nachdem wir die vier Heilungsgeschichten angeschaut haben, können wir einige charakteristische Züge der Therapie Jesu erkennen. Wir haben uns nur auf die Beziehungsgeschichten zwischen Eltern und Kindern beschränkt. Bei den anderen Heilungsgeschichten würden uns noch andere Aspekte der jesuanischen Therapie ins Auge fallen. In den vorgestellten Beziehungsgeschichten handelt Jesus wie ein moderner Familientherapeut. Er behandelt nie nur den Sohn oder die Tochter, sondern immer die ganze Familie. Ein wichtiger Grundsatz der Therapie Jesu ist, dass er keine Schuld zuweist. Er fragt nicht nach der Ursache und nicht nach Schuld. Er sieht sich vielmehr die Situation an, wie sie sich ihm darbietet. Und dann geht er auf die Einzelnen zu. Er spürt spontan, was das eigentliche Problem ist, und trifft mit seinen Interventionen den Nagel auf den Kopf. Jesus muss ein hoch begabter Therapeut gewesen sein. Er hat den Menschen in seinem Innern sofort durchschaut und gesehen, was ihm weiterhelfen könnte.

Es wäre problematisch, wenn wir aus der Therapie Jesu ein therapeutisches System ableiten wollten. Aber es lassen sich an den vier Heilungsgeschichten, die wir in diesem Buch meditiert haben, doch einige Grundsätze von Jesu Heilkunst ableiten.

Da ist einmal das Phänomen, dass Jesus die gleichgeschlechtlichen und gegengeschlechtlichen Beziehungen jeweils anders behandelt.

Bei der Vater-Sohn- und Mutter-Tochter-Beziehung treibt er jeweils den Dämon aus dem Sohn oder der Tochter aus. Da geht es offensichtlich um die Vermischung der mütterlichen Gefühle und Bedürfnisse mit denen der Tochter und um die Infizierung des Sohnes durch die unaufgearbeitete Problematik des Vaters. Die Projektion der eigenen Probleme auf die Kinder wird zu einem Dämon, der das ursprüngliche Bild, das Gott sich von ihnen gemacht hat, trübt. Jesus befreit die Kinder von dem Bild, das die Eltern ihnen übergestülpt haben, und ermöglicht ihnen so, die eigene Lebensspur selber zu entdecken.

Bei den gegengeschlechtlichen Beziehungen Vater-Tochter und Mutter-Sohn greift Jesus erst ein, wenn der Sohn oder die Tochter gestorben ist. Sohn und Tochter müssen erst aus der Symbiose mit der Mutter bzw. dem Vater ausbrechen. Sie müssen ihre alte Identität aufgeben. Dann erst nimmt Jesus Sohn und Tochter an der Hand und stärkt sie in ihrer je eigenen Identität.

Interessant ist auch, dass Jesus den Vater, die Mutter, den Sohn und die Tochter jeweils anders behandelt. Er sieht die Problematik bei jedem verschieden und schlägt für jeden einen eigenen therapeutischen Weg ein.

Die Behandlung des Vaters

Beim Vater sieht Jesus das eigentliche Problem in seiner Angst. Weil der Vater Angst um seine Tochter hat, klammert er sich an sie und kontrolliert sie. Weil er Angst hat vor den aggressiven und sexuellen Kräften im Sohn, versucht er, sie in ihm zu unterdrücken und nieder zu halten. Weil der Vater nicht an den Sohn glaubt, ahndet er alles Negative an ihm, damit er ja nicht auf die falsche Bahn gerät. Der Vater ist seinem Sohn gegenüber misstrauisch. Aber gerade mit diesem Misstrauen führt er den Sohn dazu, dass er sich selbst nicht traut, dass er verstummt und alles unterdrückt, was in ihm an Aggressionen und sexuellen Phantasien hochkommt.

Die Heilung des Vaters besteht für Jesus daher in der Befreiung von der Angst und in der Hinführung zum Glauben und

Vertrauen. Natürlich haben Väter noch andere Probleme als die Angst. Aber die Tatsache, dass Jesus in beiden Heilungsgeschichten die Väter auf ihre Angst, ihren Unglauben und ihr Misstrauen anspricht, ist sicher ein Hinweis darauf, dass darin wohl eine der entscheidendsten Gefährdungen der Männer liegt und dass hierin oft ein wichtiger Grund liegt, wenn die Vaterbeziehung zur Tochter und zum Sohn misslingt.

Männer tun sich oft schwer, sich mit ihren Gefühlen und mit ihrem Innenleben zu beschäftigen. Sie gehen der ehrlichen Selbsterkenntnis lieber aus dem Weg und verlagern ihre Energie auf den Beruf, in dem sie sich für ihre Familie aufopfern. Doch je weniger sie sich selbst erkennen, desto mehr Angst haben sie vor dem Unbekannten in sich. Und desto ängstlicher reagieren sie auf das, was die Kinder ihnen als Spiegel vor Augen halten. Denn die Kinder leben oft die Schattenseiten der Väter. Wenn der Vater Angst hat vor seinem eigenen Schatten, den er in der Tochter oder im Sohn entdeckt, dann muss er diesen Schatten bekämpfen. Er meint dann, er würde nur zum Heil der Tochter und zum Wohl des Sohnes so streng ihre Verfehlungen ahnden. In Wirklichkeit agiert er an seinen Kindern nur die eigene Selbstbestrafung aus. Eigentlich gilt die Strafe ihm selbst, der sich die Wünsche und Bedürfnisse, die seine Kinder leben, selbst immer verboten hat. Indem er die Kinder bestraft, hofft er, frei zu werden von den eigenen Schuldgefühlen, die er seit seiner Kindheit mit sich trägt.

Jesus bietet dem Vater in seiner Therapie keinen Trick an, wie er möglichst gut mit seiner Tochter oder mit seinem Sohn umgehen kann. Er konfrontiert ihn vielmehr erst einmal mit sich selbst. Er soll seiner Angst und seinem Misstrauen ins Auge sehen. Er soll sich dem stellen, wovor er Angst hat. „Sei ohne Furcht; glaube nur!", das heißt: „Hab keine Angst vor dem, was in dir ist. Alles darf sein. Aber schaue es an. Traue dir. Du bist nicht schlecht, weil du aggressive und sexuelle Impulse hast. Lass sie zu. Geh mit ihnen gut um! Dann wirst du auch keine Angst mehr haben vor den Gefühlen und Bedürfnissen deiner Tochter und deines Sohnes. Traue dir, dann wirst du auch der Tochter und dem Sohn vertrauen können." Jesus lässt den Vater durch seinen eigenen väterlichen Umgang mit der Tochter und dem Sohn teilhaben an der Väterlichkeit Gottes. Weil Jesus dem Sohn und der Tochter etwas zutraut, kann der Vater mit dem Vertrauen in Berührung kommen, das in ihm verschüttet ist. An Jesus kann der Vater seine männliche Identität finden. Denn der Jesus, der in diesen Geschichten deutlich wird, vermittelt dem Vater keine Schuldgefühle, sondern lädt ihn ein, Lust an seinem Vatersein zu finden. Wenn der Vater dem Sohn oder der Tochter den Rücken stärkt, darf er sich an dem Leben und an der Freiheit erfreuen, die er seinen Kindern schenkt.

Die Behandlung der Mutter

Bei den Müttern sieht Jesus die Problematik nicht in der Angst, sondern in der mangelnden Fähigkeit zur Abgrenzung. Mütter haben in aller Regel mehr Beziehung zu ihren Gefühlen. Daher haben sie auch keine Angst vor den Gefühlen ihrer Kinder. Sie können oft gelassener zusehen, wie die Kinder sich entwickeln, und geraten nicht gleich in Panik, wenn sie ihre Kinderkrankheiten durchmachen und einige Umwege brauchen. Ihr Problem ist in der Regel eher, dass sie sich entweder zu sehr an die Kinder binden oder aber keine wirkliche Nähe aufbauen können.

Die Therapie Jesu zielt daher auf die Spannung von Nähe und Distanz. Auch wenn eine Mutter nicht genügend Nähe zeigen kann, steht sie oft unter dem Druck, dass sie das Kind eigentlich mehr lieben und sich mehr um es kümmern müsste. Die Mutter identifiziert sich oft so sehr mit der Mutterrolle, dass sie die eigenen Bedürfnisse und die anderen Aspekte ihres Frauseins vergisst.

Jesus erlaubt der Mutter, zurückzutreten von der Mutter-Tochter-Beziehung und sich selbst neu zu sehen: Wer bin ich? Was sind meine Bedürfnisse? Wie komme ich in meine Mitte? Wenn sich die Mutter erlaubt, auch eigene Bedürfnisse zu leben, dann ist sie auch fähig, die Tochter zu nähren, d.h. ihr das zu geben, was sie braucht. Die Mutter, die um ihre eigenen Bedürfnisse weiß, kann sich auch von ihnen distanzieren, wenn es nötig ist. Sie kann frei mit ihren Bedürfnissen umgehen. Sie kann sie leben, aber auch darauf verzichten. Diese innere Freiheit bewahrt sie davor, ihre Bedürfnisse mit den Bedürfnissen der Tochter oder des Sohnes zu vermischen.

Weil die Mutter ihre eigene Identität oft zu sehr von der Beziehung zu den Kindern her sieht, besteht die Therapie Jesu darin, die Mutter in ihrer eigenen Identität zu stärken. Bei der Tochter soll sie ihre eigenen Projektionen zurücknehmen. So kann sie die Tochter sehen, wie sie ist. Jesus heilt die Mutter-Tochter-Beziehung, indem er der Mutter eine neue Einsicht vermittelt, eine Einsicht in ihr eigenes Wesen und in die Einmaligkeit ihrer Tochter. Beim Sohn muss die Mutter lernen, die innere Bindung an ihn zu lösen und ihn freizulassen. Das gelingt nur, wenn sie ihre Bedürfnisse nicht in der Beziehung zum Sohn auslebt, sondern gut für sich selber sorgt. Das Loslassen des Sohnes fällt vielen Müttern schwerer als bei der Tochter. Es ist für sie oft wie ein Tod, der ihnen tiefen Schmerz bereitet. Jesus sagt diesen Müttern: „Weine nicht! Halte deinen Sohn nicht fest, indem du ihn emotional an dich bindest, indem du ihn mit Liebe überschüttest! Lass ihn los! Er kann selber leben. Trage ihn nicht mehr, sondern stelle ihn auf die eigenen Füße. Dann wird er seinen Weg finden." Wenn die Mutter Sohn und Tochter loslässt und eine gute Balance zwischen Nähe und Distanz findet, dann wird sie zu einer verstehenden und zugleich nährenden Begleiterin ihrer Kinder auf ihrem Lebensweg.

Auch Sohn und Tochter behandelt Jesus jeweils anders. Den Sohn fasst Jesus härter an. Mit ihm kämpft er. Er droht dem Dämon und befiehlt ihm, auszufahren (Mk 9,25). Er unterscheidet den Sohn von dem Dämon, der ihn besetzt hält. Er spürt, dass der Sohn nicht aus sich heraus lebt, sondern von den komplizierten Verstrickungen mit seinem Vater bestimmt wird. Der Sohn kann nicht klar denken, weil er von den unbewussten Mustern des Vaters beherrscht ist. Und er hat seine eigene Identität noch nicht entwickelt. Jesus führt den Sohn zu sich selbst, indem er mit Kraft den Dämon aus ihm herauswirft. Auch mit dem Jüngling von Nain geht Jesus kraftvoll und gebieterisch um. Er befiehlt ihm: „Ich befehle dir, junger Mann: Steh auf!" (Lk 7,14). In beiden Fällen wendet sich Jesus an den Willen der jungen Männer. Er stärkt ihren Willen. Er lässt die Ausrede nicht gelten, dass sie das Produkt ihrer Erziehung sind und nichts an sich verändern können. Es liegt auch an ihrem Willen, etwas für sich zu tun. Der Sohn muss sich für das Gesundsein und für das Leben entscheiden. Er ist für sein Leben verantwortlich und hat sein Leben selbst in die Hand zu nehmen.

Jesu Therapiemethode ist konfrontierend und desillusionierend. Jesus arbeitet nicht nur mit Verständnis, sondern konfrontiert den Sohn mit einem klaren Befehl, dem der Sohn nicht ausweichen kann. Mit seiner Aufforderung aufzustehen, nimmt Jesus dem jungen Mann die Illusion, als ob andere schuld seien an seinem Zustand. Er sagt ihm zu: „Du kannst stehen. Also stell dich auf deine eigenen Füße! Es hat keinen Zweck, dass du deinem Vater oder deiner Mutter die Schuld für deinen Zustand zuschiebst. Lebe dein eigenes Leben! Löse dich von deiner Mutter! Du hast genügend Kraft dazu."

Der Sohn muss – so demonstrieren es die Erzählungen der Bibel – aktiv an seiner Heilung mithelfen: Der besessene Junge wirft den Dämon mit lautem Geschrei aus sich heraus und befreit sich kraftvoll von seinen Krallen. Und er steht selber auf. Der Jüngling von Nain muss sich selbst aufsetzen und zu sprechen beginnen. Sich aufrichten und aussprechen, was in einem ist, das ist der Anteil, den der Sohn zur Heilung beitragen kann. Für den Sohn wäre es tödlich, in der Passivität zu verharren, sich als Opfer des Vaters oder der Mutter zu fühlen. Er muss mit seiner eigenen Kraft in Berührung kommen.

Jesus handelt in beiden Fällen wie ein Vater, der seinem Sohn etwas zutraut. Er fordert den Sohn heraus. Er lässt ihn teilhaben an seiner Kraft. Er macht ihm ein Angebot, in der Konfrontation mit ihm als Therapeuten die eigene männliche Identität zu entwickeln und zum Mann heranzureifen.

Jesus behandelt den Sohn aber auch liebevoll wie eine Mutter. Er reicht dem besessenen Jungen die Hand und richtet ihn auf. Dem Jüngling von Nain eröffnet er einen Raum des Vertrauens, so dass er über sich und seine Gefühle reden kann. Und er gibt ihn seiner Mutter zurück.

Jesus bringt den Sohn also mit seinen männlichen und weiblichen Anteilen in Berührung. Er verbindet den Sohn mit seinen positiven Vater- und Mutterwurzeln. Der besessene Sohn erlebt seine männliche Kraft, der „Muttersohn" seine Gefühle. Indem Jesus den Sohn aus dem Bannkreis des Vaters und der Mutter befreit, ermöglicht er ihm, seinen eigenen Weg zu gehen. Aber dieser Weg wird nur gelingen, wenn er sich sowohl seiner väterlichen als auch mütterlichen Wurzel bewusst ist, wenn er ein Mann wird, der animus und anima integriert.

Der Umgang Jesu mit der Tochter

Bei der Tochter wendet Jesus jeweils eine unterschiedliche Therapiemethode an, je nachdem, ob es sich um die Tochter des Vaters oder der Mutter handelt. Die Tochter des Vaters behandelt er intensiver. Sie fasst er an der Hand an und weckt sie auf. Da sie gestorben ist, beziehungslos und starr, berührt er sie mit seiner mächtigen Hand, damit seine Kraft in sie einströmen kann. Und dann befiehlt er ihr – ähnlich wie dem einzigen Sohn der Mutter – aufzustehen. Sie muss sich auf die eigenen Beine stellen und sich aus der Beziehung zum Vater lösen. Jesus weckt neues Leben in ihr. Und er stärkt dieses Leben, indem er befiehlt, ihr zu essen zu geben. Die Tochter soll nicht nur selbständig sein und ihren eigenen Weg gehen. Sie soll sich vor allem selber spüren und gerne in ihrem Leib wohnen. Und durch das Essen soll sie das Mütterliche in sich entdecken. Hier traut Jesus dem Mädchen etwas zu. Sie muss selbst mitwirken an ihrer Heilung, indem sie sich aufrichtet und herumgeht. Sie soll ihre Möglichkeiten erkunden. Und sie soll sich selber nähren. Nicht auf das Sprechen kommt es an wie beim Sohn, sondern auf das Nähren. Mädchen können leichter über sich reden, über ihre Gefühle und über ihre Verletzungen. Aber sie sorgen oft zu wenig für sich selbst. Sie finden nicht das, was sie wirklich nährt. Weil gerade die Vater-Töchter zu sehr darauf aus sind, dem Vater zu gefallen oder ihm durch ihre Leistung zu imponieren, verlieren sie die Beziehung zu sich selbst. Jesu Therapie der Tochter zielt darauf, dass das Mädchen sich selber spürt und für sich sorgt, dass sie mit ihrem Leib in Berührung kommt und gerne darin wohnt.

Jesus behandelt die Vater-Tochter als ein väterlicher Therapeut, an dem die Tochter eine andere Art von Väterlichkeit erfährt als die lebenshemmende und einengende Beziehung zum eigenen, leiblichen Vater. Jesus begegnet der Tochter aber auch als Mutter, indem er dafür sorgt, dass sie die Nahrung findet, die sie braucht. Indem Jesus die Tochter mit ihrer väterlichen und mütterlichen Wurzel in Berührung bringt, befähigt er sie, ihre eigene Lebensspur in diese Welt einzugraben.

Die Tochter der Mutter behandelt Jesus gar nicht selbst. Er bekommt sie nicht einmal zu Gesicht. Da beschränkt sich Jesus darauf, die Mutter zu behandeln. Wenn die Mutter die Tochter mit anderen Augen sieht, dann wird die Tochter gesund. Wenn die Mutter die eigene Mitte gefunden hat, kann die Tochter in der Auseinandersetzung mit ihr ihre eigene Identität als Frau finden. Die Tochter ist heil und ganz, wenn sie bei sich selbst zu Hause sein kann. Dann wird sie ihren Weg finden. Jesu Therapie besteht darin, die Tochter aus der Verstrickung mit der Mutter zu lösen und einen Raum des Vertrauens zu schaffen, in dem sie den Mut findet, das eigene Leben zu leben und das zu entfalten, was in ihr angelegt ist. Jesus bringt die Mutter-Tochter mit dem Wachstumspotential ihrer eigenen Seele in Berührung. Er lässt sie leben und wachsen, so wie sie ist. Er vertraut darauf, dass sie aus ihrer inneren Quelle schöpfen kann, wenn sie in einer guten Distanz zur Mutter lebt, und dass sie dann auch die positiven Wurzeln entdeckt, die ihr die Mutter anbietet.

Die Bedeutung des Willens und des Zieles

Wenn wir die vier Beziehungsgeschichten in ihrem Gesamt anschauen, erkennen wir, wie weise Jesus auf jeden Einzelnen eingeht. Jesus hat therapeutische Methoden angewandt, die den Vater, die Mutter, den Sohn und die Tochter jeweils in ihrer Besonderheit berücksichtigen und jedem von ihnen gerecht werden. Die Bibel kennt noch viele andere Heilungsgeschichten: die Heilung von Blinden, Gelähmten, Aussätzigen, Wassersüchtigen, Taubstummen. Jesus richtet die gekrümmte Frau wieder auf und ermutigt den Mann mit der verdorrten Hand, sie auszustrecken. Auch in diesen Heilungsgeschichten wird deutlich, wie vielfältig die Therapiemethoden Jesu sind. Jesus reagiert auf jede Krankheit und jeden Kranken anders. Auf den einen geht er zu, weil er sich nicht traut, um Heilung zu bitten. Er sieht die Menschen an, die sich selbst nicht wahrnehmen, um ihnen Ansehen zu schenken. Andere Kranke gehen auf ihn zu und bitten ihn um Heilung. Die einen behandelt Jesus zärtlich und liebevoll. Er berührt sie, damit sie mit sich selbst in Berührung kommen. Andere spricht er schroff an. Wenn Jesus merkt, dass er von Kranken benutzt wird, um sie möglichst schnell von ihrem Leiden zu befreien, dann konfrontiert sie Jesus mit ihrer eigenen Wahrheit. Jesus lässt sich vom Kranken nicht vereinnahmen oder sich in die Rolle drängen, dass er für das Gelingen der Heilung verantwortlich sei. Wir möchten im Folgenden nur auf zwei wichtige Aspekte der Therapie Jesu aufmerksam machen.

Der erste auffallende Aspekt ist: Jesus bringt den Kranken mit dessen eigenem Willen in Berührung. Es liegt am Kranken selbst, ob er gesund werden will oder nicht, ob er sich in seinem Selbstmitleid vergraben möchte oder ob er sich auf die Füße stellt und seinen Weg geht. Jesus nimmt den Kranken, die ihm die Verantwortung für die Heilung zuschieben möchten, die Illusion, als ob sie ohne eigenes Zutun geheilt werden könnten. Lange Zeit hat man in der Therapie den Willen des Klienten vernachlässigt. Man hat ihn zu sehr auf die Verletzungen hingewiesen, die ihn krank machen und seinen Willen beeinträchtigen. Und man meinte, der Therapeut müsse den Klienten behandeln, anstatt ihn in seinem Willen zu stärken. Roberto Assagioli, der bereits erwähnte Begründer der Psychosynthese († 1974), hat die Bedeutung des Willens für die Therapie neu in den Blick genommen. Für ihn ist der Wille eine wesentliche Fähigkeit des Selbst. Assagioli hat Methoden entwickelt, den Willen zu schulen. Er ist überzeugt, dass jeder Mensch einen Willen hat. Er muss ihn nur einsetzen. Er muss wollen, dass er wächst, dass er auf seinem Weg weiterkommt, dass er geduldig und hartnäckig an sich arbeitet.

Auch die spirituelle Therapie Jesu wendet sich bewusst an den Willen des Einzelnen. Jesus lockt die Kraft hervor, die in jedem steckt. Er belässt die Kranken nicht in ihrer Passivität, sondern motiviert sie, selbst aufzustehen und das eigene Leben zu wagen. Und er schaut nicht rückwärts, sondern vorwärts. Wir sollen zwar unsere Vergangenheit nicht überspringen, aber wir müssen uns auch freimachen von dem Leistungsdruck, als ob wir alle Geheimnisse unserer Lebensgeschichte erkunden und bearbeiten müssten. Entscheidend ist, dass wir uns bei all unseren Vater- und Mutterwunden für das Leben entscheiden, anstatt immer nur um die vergangenen Verletzungen zu kreisen.

Ein anderer Aspekt erscheint uns an der spirituellen Therapie Jesu wichtig. Er zeigt den Menschen ein Ziel für ihr Leben. Er weist sie über ihre Elternbeziehungen hinaus. Wir sollen unsere wichtigste Aufgabe nicht darin sehen, die Beziehung zu den Eltern zu klären, sondern unsere eigene Lebensspur zu finden. Wir sollen vielmehr die Aufgabe entdecken, die uns aufgetragen ist. Es geht darum, dass wir unsere Sendung erkennen. Wir sollen nicht auf unser Gesundwerden fixiert sein, sondern den Auftrag erkennen, den wir in dieser Welt zu erfüllen haben. Dann werden wir erleben, dass unser Leben sinnvoll ist. Das entspricht dem, was die Logotherapie heute neu zur Sprache gebracht hat. Victor E. Frankl, der Begründer der Logotherapie, hat immer wieder darauf hingewiesen, dass heute viele Menschen krank sind, weil sie keinen Sinn mehr in ihrem Leben sehen, weil sie nicht mehr über sich hinausblicken auf einen Sinn, der sie übersteigt. Der Sinn, den wir unserem Leben geben, macht uns gesund. Jesus öffnet unsere Augen, dass wir über die konkreten Beziehungen zu den Eltern hinaussehen und auf das eigentliche Ziel unseres Lebens blicken.

In der Bergpredigt fordert uns Jesus auf, unsere Sorgen um uns loszulassen: „Macht euch keine Sorgen und fragt nicht: Was sollen wir essen? Was sollen wir trinken? Was sollen wir anziehen?" (Mt 7,31). Wir sollen uns also nicht ohne Unterlass den Kopf zerbrechen, ob wir in unserer Lebensgeschichte satt geworden sind, ob wir genügend Zuwendung und Zärtlichkeit erfahren haben, ob wir zu kurz gekommen sind, ob wir gut aussehen und den

Erwartungen der Menschen entsprechen. „Denn um all das geht es den Heiden. Euch aber muss es zuerst um sein Reich und um seine Gerechtigkeit gehen; dann wird euch alles andere dazugegeben“ (Mt 6,32f). Nur wenn wir über uns selbst hinaussehen auf ein Ziel, das uns übersteigt und uns transzendiert, nur dann wird unser Leben heil werden. „Reich Gottes“ als Ziel unseres Suchens meint, dass Gott in uns herrscht und nicht mehr unsere Lebensmuster, nicht mehr die Stimmen unserer Eltern, die sich im Über-Ich verinnerlicht haben. Wenn Gott in uns herrscht, dann kommen wir zu unserem wahren Selbst. Das Ziel, das wir in unserem Leben anstreben sollen, besteht nicht in einer Leistung, sondern in einem Sein, in einer Sendung. Gott sendet uns in diese Welt, damit wir das unverfälschte Bild leben, das er sich von uns gemacht hat. So wird Gott durch uns in dieser Welt sichtbar.

Jesu Immunisierungsstrategie

Die Therapie Jesu ist aber nie nur Heilung der geschlagenen Wunden. Jesus bietet uns gleichsam eine „Immunisierungsstrategie“ an, die uns helfen soll, uns gegen die Infizierung durch krank machende Lebensmuster unserer Eltern zu schützen. Die Begegnung mit Jesus hat eine immunisierende Kraft für uns. Wenn wir nicht immer nur unsere Elternbeziehungen anschauen, sondern uns in die Begegnung mit Jesus hineinwagen, könnte uns das helfen, frei zu werden von den Bildern, die die Eltern in uns hineinprojiziert haben. Wir werden in der Begegnung mit Jesus unserem ursprünglichen und unverfälschten Bild begegnen. Jesus – so sagt C.G. Jung – ist der klarste Archetyp des Selbst. Wenn wir in den Heilungsgeschichten Jesus begegnen, kommen wir auch in Berührung mit unserem eigenen Selbst. Und wenn wir mit unserem Selbst Kontakt aufnehmen, dann können die Projektionen der Eltern unser Selbstbild nicht mehr trüben und ihre Bindungsversuche werden uns nicht fesseln. Jesu Therapie besteht also letztlich darin, dass wir mit unserem eigenen Selbst in Berührung kommen. Wenn wir uns selbst spüren, dann sind wir frei, dann hören wir auf, uns an die Eltern zu klammern. Dann können wir unsere eigene Lebensspur finden.

Die Frage ist, wie wir mit unserem wahren Selbst in Kontakt treten können. Der Weg, den wir in diesem Buch zu zeigen versuchten, verläuft über die Meditation der Heilungsgeschichten und das Anschauen unserer eigenen Vater- und Mutterwunden. Bei einem Kurs „Die eigene Lebensspur finden" haben wir den Teilnehmern und Teilnehmerinnen folgende Fragen zur stillen Arbeit aufgegeben, um ihre Lebensspur zu finden. Vielleicht helfen diese Anregungen auch Ihnen bei der Suche nach Ihrer Lebensspur:

1. Was sind deine Vater- und Mutterwunden?
   Wie haben sie dich in deinem Leben beeinträchtigt?
   Wie bist du mit diesen Verletzungen umgegangen?
   Hast du dich selbst verletzt oder die Verletzungen weitergegeben?
   Oder hast du dir unbewusst immer wieder Situationen ausgesucht, in denen sich die Verletzungen der Kindheit wiederholten?

2. Wenn du deine Vater- und Mutterwunden anschaust, kannst du darin auch deinen Schatz entdecken, deine Sensibilität, deine Lebendigkeit, dein Gespür für wirkliche Liebe, deine Sehnsucht nach Gott?
   Inwieweit kannst du deine persönliche Berufung, dein Charisma, deine Lebensspur, gerade im Blick auf deine Verletzungen entdecken?

3. Was waren deine Lebensträume in der Kindheit?
   Was wolltest du immer gerne werden und wie wolltest du sein?
   Welchen Beruf wolltest du als Kind ergreifen?
   Welche Saiten in dir kamen in deinen Träumen und Berufswünschen zum Klingen?
   Kannst du gerade in deinen Kinderträumen die Lebensspur entdecken, die dich zum Leben führt?

4. Wo hast du dich als Kind eins gefühlt?
   Was hast du am liebsten gespielt?
   Welches Märchen war dein Lieblingsmärchen?
   Welche Geschichten hast du geliebt?
   Welche Vorbilder hast du gehabt?
   Von wem hast du als Kind geschwärmt?
   Was wolltest du selber von dem leben, was dich an anderen fasziniert hat?
   Was hat dich angesprochen (Natur, Gottesdienst, Spielen, Musik, Malen)?
   Versuche, in all diesen Fragen nach deinem wahren Selbst zu suchen, nach dem ursprünglichen und unverfälschten Bild Gottes in dir!

5. Versuche, auf dem Hintergrund deiner Lebenswunden und deiner Lebensträume in zwei Worten dein Charisma, deine Lebensspur zu formulieren!
   Denke nicht zu sehr darüber nach, sondern schreibe spontan auf, was in dir aufsteigt! Beispiele für solche Formulierungen deiner Lebensspur: Beziehung stiften – Leben wecken – Versöhnung stiften – Weite schaffen – Heimat anbieten – Ausgegrenzte annehmen – Trauernde trösten – Gebeugte aufrichten – Schönes gestalten – das Leben versüßen.

Schluss

Wir haben in der Meditation der vier biblischen Beziehungsgeschichten und einiger Märchen unsere Vater- und Mutterwunden angeschaut. In den biblischen Heilungsgeschichten sind wir Jesus als einem erfahrenen Therapeuten begegnet, der uns auch heute zu heilen vermag. In den Märchen haben wir unsere eigenen Ressourcen entdeckt, die wir für den Weg unserer Selbstwerdung brauchen. In jedem von uns sind genügend erfrischende und heilende Quellen, aus denen wir trinken können, um auf unserem Lebensweg zum wahren Selbst vorzustoßen. In jedem von uns ist das göttliche Kind, das uns den Weg zum Leben weist. Wir haben erkannt, dass wir unsere Wunden nicht vernachlässigen und überspringen dürfen. Sonst werden sie uns ein Leben lang verfolgen und uns dazu verdammen, dass wir uns selbst und andere Menschen in der gleichen Weise verletzen, wie wir selbst verletzt worden sind. Aber wir haben auch gesehen, dass wir unsere Verletzungen nicht selbst aufarbeiten müssen. Wir dürfen auch mit der Wirklichkeit der Gnade rechnen, mit dem Wunder der Heilung, das letztlich immer von Gott kommt, den die Bibel den wahren Arzt der Seele nennt.

Wir wünschen Ihnen, liebe Leserin, lieber Leser, dass Sie sich von der heilenden Kraft der biblischen Texte anstecken lassen, dass Sie im Licht dieser Texte Ihre eigenen Vater- und Mutterwunden erkennen und die Verwandlung Ihrer Wunden in Perlen erleben dürfen. Und wir wünschen Ihnen, dass Sie in den Märchen Ihren eigenen Lebensweg wiederfinden und mit den Quellen in Berührung kommen, die in Ihnen strömen. Die Absicht, die uns bei diesem Buch geleitet hat, war, dass Sie sich aussöhnen mit Verletzungen, die aus der eigenen Kindheit rühren, dass Sie die Chancen entdecken, die in Ihrer Lebensgeschichte liegen, und dass Sie im Frieden mit Ihrem Vater und Ihrer Mutter die eigene Lebensspur entdecken, die Sie in diese Welt eingraben möchten. Wir wünschen Ihnen, dass Sie Ihre ureigenste Spur finden und dass es keine Spur ist, auf der Sie sich und andere verletzen, sondern eine Spur, auf der Sie in sich und in den Menschen das Leben wecken und es zur Blüte bringen.

Literatur

Roberto Assagioli, Psychosynthese. Prinzipien, Methoden und Techniken, Adliswil 1988.

Marie-Jeanne Augustin, Neid, Neugier und weibliche Kreativität, Düsseldorf 1999.

Thea Bauriedel, Leben in Beziehungen. Von der Notwendigkeit, Grenzen zu finden, Freiburg i. Br. 1997.

Sabine Dombrowski, Elternfiguren im Märchen. Orientierungshilfen für den Alltag, Düsseldorf 1994.

Eugen Drewermann, Tiefenpsychologie und Exegese, Band II, Olten 1985.

Eugen Drewermann, Das Markusevangelium. Erster Teil, Olten 1987.

Bert Hellinger, Anerkennen, was ist, München 1997.

Helmut Jaschke, Der Heiler. Psychotherapie aus dem Neuen Testament, Freiburg 1995.

C. G. Jung, Gesammelte Werke, Bd. 11, Zürich-Stuttgart 1963.

Verena Kast, Wege aus Angst und Symbiose. Märchen psychologisch gedeutet, München 1987.

Verena Kast, Vater-Töchter. Mutter-Söhne. Wege zur eigenen Identität aus Vater- und Mutterkomplexen, Stuttgart 1994

Elisabeth Lukas, Spirituelle Psychologie, München 1998.

Anthony de Mello, Der springende Punkt. Wach werden und glücklich sein, Freiburg 1992.

Alice Miller, Am Anfang war Erziehung, Frankfurt 1980.

Ludwig Muth, Und dennoch Ja zum Lesen, in: Heilkraft des Lesens. Erfahrungen mit der Bibliotherapie, hrsg. v. Peter Raab, Freiburg 1988, 28–40.

Julia Onken, Vatermänner. Ein Bericht über die Vater-Tochter-

Beziehung und ihren Einfluss auf die Partnerschaft, München 1994.

Horst Petri, Das Drama der Vaterentbehrung. Chaos der Gefühle – Kräfte der Heilung, Freiburg 1999.

Horst-Eberhard Richter, Eltern, Kind und Neurose. Die Rolle des Kindes in der Familie, Hamburg 1969.

Ingrid Riedel, Die weise Frau in Märchen und Mythen, München 1995.

Ulla Wittmann, Ich Narr vergaß der Zauberdinge. Was Märchen für das eigene Leben bedeuten, Freiburg i. Br. 1995.

Anselm Grün inspiriert

Das Buch der Lebenskunst
Band 5700
Der Bestseller des »Glückspaters«. Seine Botschaft: Sei, der du bist – aber kreise nicht ständig um dein Ego. Nur wer barmherzig mit sich selber ist, kann gut sein – zu sich und anderen.

Quellen innerer Kraft
Erschöpfung vermeiden – Positive Energien nutzen
Band 5939
Ausgelaugt, ausgebrannt, innerlich leer – für viele ein Dauerzustand unter dem Druck des Alltags. Aber: Quellen der Kraft gibt es in jedem Leben! Anselm Grün zeigt, wie es gelingt, zu diesen Ressourcen Zugang zu finden und sie zum Sprudeln zu bringen.

Die eigene Freude wiederfinden
Band 6098
Natürlich kennt jeder auch das Gegenteil von Freude – gerade in Zeiten der Krise. Anselm Grün weiß darum – und zeigt, wie jeder Einzelne zu den Quellen seiner Freude wieder Zugang finden kann.

Perlen der Weisheit – Die schönsten Texte von Anselm Grün
Band 6207
Der Trend zu »Spiritualität« ist ungebrochen. Menschen heute, ob religiös gebunden oder eher auf der Suche, sind fasziniert von der Lebensweisheit spiritueller Traditionen. Hier finden sie nachhaltige Orientierung in einer unübersichtlich gewordenen Welt.

Du bist einzigartig
Das göttliche Kind in uns
Band 7108
Die Texte dieses Buches laden uns ein, das Kind in uns zu entdecken und neue Lebendigkeit und Freiheit in uns zu entfalten. Mit dem Bestseller-Autor Anselm Grün das spielende, das fragende, das staunende, das mutige Kind in sich entdecken.

Anselm Grün inspiriert

Das kleine Buch der Engel
Band 7102
Anselm Grün öffnet die Herzen für eine andere, tiefere Wirklichkeit: die Erfahrung der Engel. Ein Buch, das die Seele zum Klingen bringt, voll spiritueller Energie, belebend und inspirierend.

Das kleine Buch vom wahren Glück
Band 7103
Anselm Grün spürt tiefmenschlichen Lebenserfahrungen nach, immer auf den Spuren wahren Glücks: Ein Buch für alle Lebenslagen – ganz besonders, wenn der Alltag einmal grau oder allzu turbulent zu werden droht.

Das kleine Buch der Sehnsucht
Band 7104
Anselm Grün inspiriert dazu, mit der Sehnsucht, dieser entscheidenden Kraft der Seele in Berührung zu kommen. Wer auf die Stimme seines Herzens hört, dessen Leben wird sich verwandeln.

Das kleine Buch der Lebenslust
Band 7105
Lust am Leben – das ist die Kunst, mit allen Sinnen zu leben. Ganz im Augenblick sein. Sich nicht umtreiben lassen vom Habenwollen und Nutzendenken.

Das kleine Buch der Herzensruhe
Band 7106
Leistung und äußerer Wohlstand allein können dem Menschen nicht das geben, wonach er sich wirklich sehnt: innere Ruhe und Seelenfrieden. Anselm Grün beschreibt konkrete Wege zum Raum der Stille – ein moderner Seelenführer zu einem tieferen Leben.